Aruna Meike Siewert

Finn Seelenspiegel

Die ersten Jahre mit meinem Tierschutzhund

Bibliografische Information der Deutschen Nationalbibliothek: Die Deutsche Nationalbibliothek verzeichnet diese Publikation in der Deutschen Nationalbibliografie; detaillierte bibliografische Daten sind im Internet über dnb.dnb.de abrufbar.

© 2017 Aruna Meike Siewert
Korrektur Barbara Kohl
Foto, Cover & Satz Aruna Meike Siewert

Herstellung und Verlag: BoD – Books on Demand, Norderstedt, 2017

ISBN: 9783743178670

"Ein Hund ist bereit zu glauben,
dass Du bist,
was Du denkst zu sein..."
Jane Swan

INHALT

Vorwort	9
Alles begann ...	13
Ella	16
Ella zieht ein	20
Aufs Land	23
Ella im Wendland	26
Zweithund	29
Finn	32
Der große Tag	38
Fahrt	40
Ella und Finn	43
Die ersten Tage	45
Lebensthema	47
Zurück in Berlin	49
Stadtleben	52
Kleine Erfolge	55
Erziehung	57
Überforderung und Fortschritte	60
Jeden Monat aufs Neue	65
Aufstand	67
Zwiegespräch	70
Naturtalent	73
Vergiftung	75
Ausflüge	80
Seelenrückholung und Pubertät	85
Rudelstellungen	91
Wer sind unsere Hunde?	96
Resümée	102
Kratzattacken	106

Bioresonanz	111
Durchbruch	114
Veränderungen	118
Die Nachbarin	121
Homöopathie	125
Jagen mit Ehekrach	128
Rehbegegnung	135
Feuerpause	138
Mein Hund, dein Hund	141
Frösche	142
Aufs Land	149
Überlegungen	154
Lehrzeit	158
Ein Rudel	161
Einlassen und Vertrauen	163
Tapferkeit	166
Das neue Haus	169
Gemeinsam sind wir stark	172
Altes Trauma	176
Der Feind auf dem Deich	180
Führung	183
Gedankenkraft	189
Kommunikation	194
Energie folgt der Absicht	200
Und jetzt?	202
Tipps	205
In eigener Sache	209
Fotos	210
Danksagung	212
Über die Autorin	213
Empfehlungen	214

VORWORT

Viele Autoren von Hundebüchern können von sich behaupten, ihr ganzes Leben gemeinsam mit Hunden verbracht zu haben …

Bei uns war es anders. Ich war 47, mein Mann Rainer 50 Jahre alt, als die kleine Tierschutzhündin Ella den Weg zu uns fand. Als Kind hatte ich mir immer einen Hund gewünscht – und einen Wellensittich bekommen.

Den Kinderschuhen entwachsen und selbst Mutter zweier Kinder, lebte und arbeitete ich in einer Großstadt, der Gedanke an einen Hund erschien mir fast schon absurd. Viele Jahre später waren die Kinder dann erwachsen, Dinge im Leben wurden neu sortiert, und mit der Zeit bahnte sich die Idee, einem Hund ein schönes Zuhause zu geben, heimlich, still und leise den Weg in unsere Herzen. Kurz darauf hatte die Tierschutzhündin Ella ihren großen Auftritt und brachte jede Menge Wind in unser beschauliches Leben. Eineinhalb Jahre danach fand der rumänische Straßenhund Finn bei uns sein neues Zuhause.

Warum uns nie der Gedanken kam, einem Welpen mit einem heilen Seelchen ein Zuhause zu geben, kann ich heute gar nicht mehr sagen. Es war für uns selbstverständlich, einen Hund aus dem Tierschutz zu nehmen. Wir waren enthusiastisch und blauäugig und obwohl wir uns natürlich vor der Adoption informierten, waren die Herausforderungen um ein Vielfaches größer, als wir uns vorgestellt hatten. Einem Hund aus dem Tierschutz, und noch dazu aus dem ausländischen Tierschutz, ein Zuhause zu geben, ist ein Abenteuer mit vielen Unbekannten und… es war für uns eine wunderbare Entscheidung, auch wenn unser Weg nicht immer leicht war, unser Leben komplett auf den

Kopf gestellt wurde und Herausforderungen ganz neuer Art gemeistert werden wollten.

Vielleicht findest du dich mit deinen Erfahrungen in diesem Buch ein wenig wieder, vielleicht hilft es dir, deinen Hund besser zu verstehen oder zu erkennen, dass du mit deinen Themen und Sorgen nicht alleine dastehst. Vielleicht unterstützt und animiert dich das Buch auch, auf dich selbst und deine Intuition zu vertrauen und auf deinen Hund zu hören, statt ausschließlich Hunderatgebern und Hundetrainern zu lauschen. Der liebe Gott hat uns alle Fähigkeiten mitgegeben, die wir benötigen, um unser Leben mit all seinen Herausforderungen zu meistern. Wir dürfen sie jetzt wieder wachküssen.

Ganz bewusst habe ich mich entschieden, keinen Verlag zu suchen, sondern das Buch im Self-Publishing herauszugeben. Ich kenne das Schreiben eines Buches für einen Verlag. Das hat viele Vorteile, allen voran ein gutes Marketing und einen professionellen Vertrieb – und es hat Nachteile: Seitenzahlen werden vorgegeben, Bedenken geäußert, wenn es sehr persönlich ist – oder nicht persönlich genug -, dem Zeitgeist nicht entspricht oder die Zielgruppe des Verlags andere Vorstellungen hat. Der Titel wird häufig vorgegeben, das Cover vom Verlag gestaltet, der Erscheinungstermin verschoben.

Das Honorar, so wie ich es kenne, liegt bei einem Verlag meist unter einem Euro pro Buch. Ich möchte aber mindestens ein Euro pro Buch an den Tierschutzverein STREUNERHerzen e.V. spenden und das ist nur im Self-Publishing möglich.

Und ich wollte das Buch genau so schreiben, wie du es hier vorfindest. Ich habe die Länge bestimmt, entschieden, wie persönlich es sein soll, und die wenigen Fotos am Ende des

Buches ausgesucht. Es ist auf meinen Mist gewachsen – meine Geschichte mit Finn, meine Erfahrungen und... mein Buch. Ich freue mich, dass du den Weg zu unserer Geschichte gefunden hast, und wünsche dir viel Spaß beim Lesen.

Aruna Siewert
Barnitz, Januar 2017

ALLES BEGANN…

…auf dem Jakobsweg. Nach jeder Menge gelaufener Stunden, brennenden Blasen an den Füßen, Sonne auf dem Kopf, Rucksack auf dem Rücken, einen Fuß vor den anderen setzend und hoffend, irgendwann an diesem Tage doch noch eine Herberge zu erreichen, liefen mein Mann Rainer und ich in ein kleines Örtchen ein. Wir steuerten zielstrebig die Herberge an und hatten Glück: Sie bestand aus einigen wenigen Zimmern und es waren nur vier Betten in einem Raum, eher ungewöhnlich für die bezahlbaren Übernachtungsmöglichkeiten am Rande des langen und hochfrequentierten Pilgerwegs. Unser tägliches Prozedere und das Allerwichtigste überhaupt war erst einmal Bett belegen. War das getan, war die größte Hürde schon genommen. Die zweite war das Aufsuchen der Duschen. Mangels Haken wurden alle Kleidungsstücke samt Pass und Geld einfach über die Duschwand gehängt, was nicht selten zu durchweichten Klamotten und, je nach Nässegrad, leisem bis lautem Fluchen führte. Bei vielen der Duschen war es nötig, wollten der ganze Körper und sogar noch die Haare von dem angenehmen Nass etwas abbekommen, von Tropfen zu Tropfen zu hüpfen. Entsprechend lange dauerte das Einseifen und Abwaschen. T-Shirt, Socken und Unterwäsche zu waschen, einen Platz auf der Wäscheleine zu ergattern und die Sachen mit den vier mitgenommenen Wäscheklammern möglichst gut zum Trocknen zu platzieren, waren die nächsten nötigen Schritte zum wohlverdienten Feierabend. Nichts ist lästiger, als feuchte Klamotten am nächsten Tag verstauen zu müssen. Sah es nach Regen aus, wurde die Kleidung von allen Pilgern an den Betten aufgehängt, was zu einem ganz speziellen

Augenschmaus, einem ständig muffigen Geruch und leichter Feuchtigkeit in der Luft führte.

Nach getaner Arbeit gingen wir nach draußen und suchten mit Luchsaugen nach Breit- oder Spitzwegerich, jener unscheinbaren, aber heilkräftigen Pflanze, die mir täglich half, meine Unmengen von Blasen an den Füßen so in Schach zu halten, dass ich am nächsten Tag den Weg fortsetzen konnte. So üppig und häufig wie diese Pflanzen in unseren Breitengraden vorkommen, wachsen sie in Spanien leider nicht, was zur Folge hatte, dass es ein gewisses Maß an Konzentration und vor allem guter Augen bedurfte, die seltenen Exemplare am Wegesrand zu finden. Bei dieser Suchaktionen, Auge und Nase knapp über dem Boden, begegneten wir einer jungen Frau. Sie saß, mit den Beinen baumelnd, auf einem Brunnenrand, musterte uns bei unseren Bemühungen und fragte, ob wir etwas verloren hätten. Wir kamen ins Gespräch, wie es auf dem Jakobsweg schnell geschieht, und mit ihr lernte ich zum ersten Mal eine Hundetrainerin kennen.

Zugegeben, ich hatte mich schon das eine oder andere Mal dabei ertappt, in Tagträumen einem Hund in unserem Leben ein kuscheliges Plätzchen einzuräumen, aber wirklich damit befasst waren wir bis dahin nicht.

Wir liefen nun zu dritt weiter. Einen Tag später schlossen sich uns zwei nette Männer an und wieder ein paar Tage später eine junge Studentin. Zu sechst setzten wir unseren Weg fort. Froh gelaunt wanderten wir und hatten in unseren Gesprächen jede Menge Zeit für Persönliches und Anekdoten aus dem Leben. Ich kann gar nicht sagen, wie es geschah, aber die Erzählungen der Hundetrainerin trafen bei mir einen Nerv und die Gedanken an einen Hund kamen zu der Zeit öfter und intensiver.

Wieder in Berlin, gab es allerdings erst einmal viel Wichtiges zu tun. Unsere Entscheidung, Berlin als Lebensmittelpunkt beizubehalten, war vorerst gefallen und den Gedanken an einen Hund verschoben wir in den hinteren Winkel unseres Hirns. Dort lauerte er allerdings und wartete auf seinen großen Auftritt.

Es vergingen noch weitere zwei Jahre, in denen ich drei weitere Hundetrainer kennenlernte – und wenn man an Vorhersehung glaubt, könnte man meinen: Ohne dass wir nach ihr gesucht hatten, bereitete Ella ihren Auftritt vor. Sie bahnte sich heimlich, still und leise den Weg in unser Zuhause und in unser Herz.

ELLA

In meiner Naturheilpraxis arbeitete ich meist auf den Energieebenen und nutze dafür vor allem schamanische Techniken. Je mehr ich von den „Innenwelten" meiner Mitmenschen und Klienten spürte, desto schwerer fiel es mir, in dieser großen Stadt mit ihren Menschenmassen und ihrem Lärm zu leben. Ich verließ manchmal tagelang die Wohnung nicht und igelte mich ein. Die Praxis, die wir in unsere Wohnung integriert hatten, lief gut, ich schrieb parallel an meinem zweiten Buch und auch der Unterricht in der Heilpraktikerschule, in der ich unterrichtete, wollte vorbereitet sein. Es fiel mir daher nicht schwer, der Außenwelt den Rücken zu kehren, dennoch spürte ich, dass es so nicht weitergehen konnte. Ich brauchte etwas oder jemanden, der mich erdete, mich wieder mit der Welt verband und dafür sorgte, dass ich regelmäßig meine Nase in die frische Luft hielt. Da auch Rainer von zu Hause arbeitete und die Tendenz hatte, sich hinter seinem Schreibtisch zu verschanzen, beschlossen wir, dass jetzt ein günstiger Zeitpunkt war, einem kleinen Hund ein neues Zuhause zu geben. Ich kannte inzwischen eine wunderbare Hundetrainerin, die mir das Gefühl gab, mit etwaigen Problemen nicht alleine dazustehen, und so trauten wir uns an das Abenteuer Hund. Zugegeben, die Gründe für die Anschaffung eines Hundes waren eher egoistisch. Dieses vierbeinige Wesen hatte eine echte Aufgabe: Es sollte dafür sorgen, dass wir wieder in Bewegung kamen und dass ich mich mehr in der Natur aufhielt, denn dort strengten mich die Energien der Stadt mit ihren vielen Menschen nicht mehr an. Im Gegenteil: Der Aufenthalt draußen gab mir Kraft und verlorene Reserven zurück. Außerdem sollte das Tier uns vom Schreibtisch und dem Behandlungszimmer weglotsen. Keineswegs plante ich, meine freie Zeit ab jetzt nur noch den Hunderatgebern zu widmen oder stundenlang auf der Hundewiese zu stehen, um den Schilderungen von Dramen oder Erfolgen aus der Hundeerziehung oder der Beschaffenheit des Kotes zu lauschen.

Wir dachten an einen Hund aus dem Tierheim, schon älter und ziemlich klein. Unsere Idee war eine über 10-jährige Dackeldame, die sich über ein gemütliches Plätzchen auf dem Sofa freute ohne den Anspruch, jeden Tag drei Stunden Bespaßungsprogramm und Dauerparty geboten zu bekommen. Das schloss einen Welpen oder einen Jungspund definitiv aus - dachten wir. Wir fingen an zu suchen und klapperten via Internet erst einmal die Tierheime rund um Berlin ab. Dort fanden wir jede Menge Listenhunde oder sehr große Rassen, die wir uns als Ersthundehalter nicht zutrauten. Dann fanden wir Bolle. Ein schwarzer, wuscheliger Mischling, der einen Autounfall gehabt hatte und als Folge mit einem kürzeren Bein leben musste. Er wurde als sehr lieb, kinderlieb und fröhlich beschrieben, war ungefähr sieben Jahre alt und angeblich ein echter Sonnenschein. Wir riefen in dem Tierheim an, schilderten unsere häusliche Situation und dass wir eine Heilpraxis zu Hause hätten, wo täglich fremde Menschen ein- und ausgingen. Unsere Frage war nun, ob Bolle diesen Anforderungen entsprechen würde. Lange Zeit herrschte am anderen Ende der Leitung eine gespenstige Stille. Irgendwann kam ein verlegenes Räuspern: Nein, also das sei nicht das Richtige für Bolle, er würde von zehn Menschen mindestens acht beißen. Hä? Wir trauten unseren Ohren nicht. Es war seinen Vermittlungschancen sicher nicht zuträglich, wenn so falsche Beschreibungen im Internet zu finden waren. Aber gut, wir konnten uns den Besuch dort sparen, verabschiedeten uns und legten, mit einigen Fragezeichen im Gesicht, auf. Einige Tage später fanden wir Charly. Ein ebenfalls zirka 7-jähriger Labradormix in einem Tierheim nahe Berlin. Wieder wurde er als sehr sozial und umgänglich beschrieben, freundlich, menschenbezogen und sogar kinderlieb. Das hörte sich doch ganz passend an, auch wenn uns ein Labrador eigentlich etwas zu groß war. Wir riefen in dem Tierheim an und erhielten auch dort die Auskunft, dass sich dieser Hund für uns nicht eignen würde, denn er würde beißen, die Beschreibung im Internet entspräche nicht ganz der Wahrheit. Wieder beendeten wir das Gespräch mit nicht minder vielen Fragezeichen im Gesicht: Entweder sie wollten die Hunde - vielleicht aufgrund der Praxis - nicht an uns vermitteln, oder sie setzten mit Absicht falsche Beschreibungen ins Netz in der Hoffnung, die Menschen kämen und nähmen den Hund dann trotzdem. Aber wirklich logisch fanden wir das nicht, denn weder Hund noch Mensch würden so glücklich werden. Entmutigt durch die bemerkenswerte Art der beiden deutschen Tierheime und etwas skeptisch, was die schillernden Beschreibungen der Hundepersönlichkeiten anbelangte, fing ich an, einfach bei den Kleinanzeigen zu schauen, wo viele Tierschutzorganisationen für „ihre" Schützlinge ein neues Zuhause suchen.

Eines Tages sahen wir ein Bild von Ella: eine kleine, zusammengekringelte Maus, mit rehbraunem Fell, dunkelbraunen Kulleraugen und einem lustigen weißen, etwas hochstehenden Fellfleck auf dem Kopf. Sie war in einer Berliner Pflegestelle und gerade erst von einer Tötungsstation auf Mallorca angekommen. Als uns die Pflegerin die Tür öffnete, stürmte uns das kleine Energiebündel entgegen,

sprang an uns hoch, landete in unseren Armen – und direkt in unserem Herz. Im Grunde war unsere Entscheidung in diesem Augenblick gefallen. Wir erbaten uns noch eine Bedenkzeit und fuhren wieder nach Hause.
Wie so oft im Leben hat es sich auch hier gezeigt:
Der Mensch darf durchaus Vorstellungen haben und es ist ihm unbenommen, etwas zu wollen oder zu wünschen - das Leben bringt uns allerdings manchmal andere Lernaufgaben als wir erwarten, und die zielgerichtete Visualisierung einer auf dem Sofa sanft schnarchenden Dackeldame üben wir nochmal...

ELLA ZIEHT EIN

Es gab eine Vorprüfung des Tierschutzvereins und bald darauf zog Ella bei uns ein. Mit ihren geschätzten 14 Monaten war diese wilde spanische Mischung aus Podenco und Terrier (mit genau den liebenswerten und nervenintensiven Eigenschaften dieser beider Rassen) ein echter Wirbelwind, der unser sortiertes Leben mächtig in Aufruhr brachte. Sie sprang aus dem Stand auf den Kühlschrank oder auf den Arm, je nachdem, was sie sich gerade erhoffte: Schutz, Liebesbekundungen oder endlich wieder etwas zu essen. Ella durchsuchte mit unendlicher Akribie Küche und Parks nach Essbarem, buddelte sich bis kurz vor Australien durchs Erdreich, rannte schnell wie ein Wiesel, elegant wie ein Reh und ausdauernd wie ein Pferd, wobei sie Haken schlug, die den erfahrensten Hasen erblassen ließen, und in Sachen Spur finden, Witterung aufnehmen, Sicht- oder Gehörjagd konnte ihr kaum ein Kollege das Wasser reichen.

Das hat sich übrigens bis heute nicht geändert, wobei sie sich heute eher die Frage stellt, ob es sich wirklich lohnt, hinter dem Objekt der Begierde herzurennen. Bringt meistens Ärger, Herrchen und Frauchen haben danach schlechte Laune, kleine Snacks zwischendurch lassen nach so einer Aktion auch auf sich warten... also alles in allem: Es lohnt sich nicht. Schlauer Hund!

Ella tat alles, was junge Hunde so tun. Wie eine wilde Wutz raste sie durch den Park. In Angedenken ihrer früheren Lebensweise suchte sie das Gelände zudem Zentimeter für Zentimeter nach Essbarem ab. Sie war das pure Leben, sprang hierhin und dorthin und oft hatten wir das Gefühl, sie grinste uns an. Vor Freude hüpfend tanzte sie durch das hohe

Gras. Das Leben war für sie ein einziger Kindergeburtstag und es gab so vieles zu entdecken: den Steinlöwen in unserem Flur, gegen den sie wütend anschimpfte, die Torte auf dem Wohnzimmertisch, in der wir die deutlichen Abdrücke einer kleinen Hundeschnauze fanden, das ferngesteuerte Auto im Park, das sie gemeinsam mit einem „Sportmops" verfolgte und irgendwann zur Strecke brachte. Eine besondere Freude war für sie der ohrenbetäubende Hall, den es gab, wenn sie in unserem Hausflur laut bellte.

Von Ellas Vorleben wissen wir nichts, außer, dass sie aus einer Tötungsstation auf Mallorca kam. Ihr ausgeprägter Freiheitsdrang, den wir erst später zu spüren bekommen sollten, zeugte von einer Zeit als Streunerin auf der Straße, bevor sie sich in der Tötungsstation wiederfand. Aber es deutet möglicherweise noch etwas auf ihrs Vorleben hin: An jedem Zaun, hinter dem sich ein Kindergarten befand, blieb sie stehen und blickte sehnsüchtig den Kindern nach, als ob sie jemanden suchte – so vermuteten wir, dass sie auch einmal eine Familie hatte, in der sie gemeinsam mit Kindern lebte.

Was auch immer sie erlebt hatte, mit Ella hatten wir eine Menge Spaß. Dieser kleine Wirbelwind fegte durch die Wohnung, den Park, den Wald und am See entlang und sie war ein Grinsehund: Noch nie wurde ich von so vielen Menschen auf der Straße spontan angelächelt – naja, um genau zu sein, lächelten sie wohl auch nicht mich an, sondern meinen Hund. Mit ihrer kleinen, weißen hochstehenden Strähne auf dem Kopf sah sie aus wie ein kleiner Punker, sie trabte selbstvergessen und selig neben mir her, immer auf der Suche nach dem nächsten Snack, marschierte selbstbewusst in den Blumenladen, nachdem sie dort einmal einen Keks bekommen hatte, und kam erst nach erfolgreicher Mission wieder heraus. Alle fanden Ella hinreißend. Sie hat Nachbarkinder im Handumdrehen von ihrer Hundeangst befreit, meine Patienten waren begeistert, oft lag sie während einer Behandlung auf ihrem Platz im Behandlungszimmer und es gab manche, die sich die Teilnahme von Ella bei den Behandlungen ausdrücklich wünschten.

Ella schaffte es durch ihre bloße Anwesenheit, dass wir uns regelmäßig und lange draußen aufhielten. Sie war ein Garant für Erde unter meinen Füßen – und das sowohl auf energetischer als auch auf irdischer Ebene. Der Gedanke allerdings, dass mit ihr das Bedürfnis nach mehr Natur und Natürlichkeit in unserem Leben befriedigt sei, sollte sich schnell als Trugschluss erweisen. Immer mehr hatte ich das Bedürfnis, Natur mehr und intensiver um mich zu brauchen, und obwohl ich mich jetzt täglich zwei Stunden im Wald oder im Park aufhielt, konnte ich die Stadt kaum noch ertragen. Dinge, die mir früher wichtig gewesen waren, verschwanden gänzlich aus meinem Fokus. Bin ich früher ungeschminkt nicht auf die Straße gegangen, kam es mir jetzt nebensächlich und unwichtig vor. Habe ich früher mit Leidenschaft mein Geld in Berliner Boutiquen gelassen, musste es jetzt vor allem praktisch sein: Jeans und Sweatshirt, eine Jacke, die dem Regen trotzte und viele Taschen hatte, Schuhe, die nicht elegant waren, sondern rutschfest. Das Leben drehte sich ein wenig schneller und ehe ich mich versah, hatte Ella mich, beziehungsweise uns, fest im Griff.

AUFS LAND

Eines Sonntags in der Frühe saßen wir auf unserem Balkon und ich eröffnete Rainer, dass es vielleicht eine gute Idee wäre, ein kleines Wochenendhaus zu kaufen. Er schaute mich etwas verdutzt an und ging zum Verdauen dieser prima Idee erst einmal mit Ella die Morgenrunde in den nahegelegenen Viktoriapark. Ich nutzte die Zeit und bemühte das Internet. Leise erinnerte ich mich an frühere Urlaube im Wendland mit meinem ersten Mann und unseren zu der Zeit sehr kleinen Kindern. Es ist eine wunderschöne Gegend in der viele Menschen mit ganz eigenen Lebensentwürfen, Künstler, Hofgemeinschaften und Biobauern leben. Kurzerhand schaute ich im Internet auf den gängigen Häuserportalen nach Ferienhäusern im Wendland und wurde schnell fündig. Als Rainer zurückkam, erklärte ich ihm, dass ich ein prima Haus im Wendland gefunden hätte, dass es absolut erschwinglich wäre und ob er sich etwa etwas noch Schöneres vorstellen könne, als einen kleinen Tagesausflug dorthin zu machen? Konnte er nicht und so waren wir eine Woche später mit einem Makler vor Ort verabredet, um uns ein kleines Holzhaus anzusehen.
Wir kamen dort an und fanden eine Siedlung mit Ferienhäusern inmitten eines Waldes vor. Von der Fahrt etwas verspannt, stiegen wir aus dem Auto und Ella erkundete sofort die Gegend. Zäune empfand sie als ihrer unwürdig, eine völlig unnötige Idee von Zweibeinern, weshalb sie sich auch keinesfalls von ihnen abhalten ließ, ein Gelände genauestens unter die Nase zu nehmen. So kam es, dass wir, eigentlich das Nachbarhaus besichtigend, einem freundlichen Herrn begegneten, der sich über Ellas

unangemeldeten Besuch in seinem Garten freute und uns bei der Gelegenheit gleich sein Haus verkaufte. Der Makler war nicht ganz so glücklich mit Ellas Wahl, aber wir fanden, das hatte sie gut gemacht!

Plötzlich waren wir also Haus-, wenn auch Kleinhausbesitzer und fortan verbrachten wir ein Drittel unseres Monats im Wendland mitten im Wald, mit dem Feld direkt nebenan, einem Garten, jeder Menge interessantem Wild und mit vielen Dingen konfrontiert, über die wir uns noch nie im Leben Gedanken gemacht hatten. Meine Praxis reduzierte sich auf zwei Drittel des Monats, Rainer konnte überall arbeiten, solange es einen funktionstüchtigen Internetanschluss gab. Wir waren in vielen Dingen, die Ella *und* das Landleben betrafen, recht unbedarft. Unsere Hündin brachte uns allerdings in Windeseile bei, was wir ihrer Meinung nach dringend wissen mussten: „Ich mach' das schon, macht euch keine Sorgen", war ihre Devise und so lernten wir in einer rekordverdächtigen Geschwindigkeit die halbe Siedlung kennen.

Jeder, der auf das Feld wollte, musste an unseren Zaun – und somit an Ella - vorbei. Und keiner kam ungeschoren davon: Jeder wurde lautstark begrüßt und um gleich zu Beginn die Fronten zu klären, machte sie jedem vorbeiziehenden Hund deutlich, dass sie nun hier sei und gedenke zu bleiben. Jeder Übergriff auf ihr Gelände war also überflüssig und wurde schwer geahndet. Der Nachbarhund wurde ihr guter Freund und jeden Morgen nach dem Frühstück sprang sie mit einem Satz über den Zaun und ging schnurstracks zu ihrem Nachbarkumpel, der immer so liebenswürdig war, einen Knochen in seinem Garten für sie zu verbuddeln. Nach einer gehörigen Portion Körpereinsatz kam sie erhobenen Hauptes und mit dreckverschmierter Nase auf demselben Wege wieder in den Garten und verspeiste inbrünstig ihre Trophäe. Zu Beginn waren wir nicht so begeistert von diesen Aktionen und erhöhten den Zaun provisorisch – aber es half nichts. Die beharrliche Terrierhündin mit Freiheitsdrang fand immer wieder irgendwo eine Lücke, durch die sie hindurchschlüpfen oder über die sie springen konnte. Es störte auch niemanden, da die Nachbarn sich über ihre morgendlichen Besuche freuten und wenn es zu kalt war, um die Haustür offen stehen zu lassen, sprang Ella kurzerhand auf den Tisch vor dem Fenster, drückte ihre feuchte Hundenase daran und jaulte so lange, bis die Nachbarin sie hörte und endlich einließ! So beschlossen wir, diese kleinen Ausflüge zu genehmigen, und versuchten nicht weiter, jede Ausbüxmöglichkeit zu eliminieren.

Als sie vier Monate vorher zu uns gekommen war, stand für mich fest, dass ich mich auf keinen Fall mit Hundebüchern herumschlagen würde – ich dachte, Erziehungsarbeit könne so schwer nicht sein und meine inzwischen doch beträchtliche Anzahl von Hundetrainern im Bekannten- und Klientenkreis würde mit ein, zwei Trainingstagen das Übrige tun, um mir die lästige Lektüre von Hundeerziehungsbüchern zu ersparen. Heute weiß ich: *Das* war eine gewaltige Fehleinschätzung!

ELLA IM WENDLAND

Ella ist mit ihren knapp 40 Zentimetern ein relativ kleiner Hund, was viele Dinge vermeintlich einfach machte. Die allgemeine Überzeugung, kleine Hunde seien nicht erzogen, haben wir fröhlich mit genährt, ohne uns dessen bewusst zu sein. Unsere Zeit im Wendland verlief ruhig und beschaulich, bis auf die täglichen Spaziergänge, bei denen Ella mit wachsender Begeisterung allem nachjagte, was ihr vor die Augen, die Nase oder die Ohren kam. In heiklen Situationen klemmten wir uns für gewöhnlich die Maus einfach unter den Arm und fertig. Dass das bei ihren fröhlichen Jagdausflügen nicht klappte, störte uns nicht. Sie kam ja immer nach wenigen Minuten und so glücklich grinsend wieder...

Das waren die Momente, wo der Podenco und der Terrier in ihr übermächtig wurden und unser Einfluss dahinschmolz wie Schnee bei 25 °C. Wir beruhigten uns damit, dass sie klein ist und bei Rehen (ihr bevorzugtes Jagdobjekt) nicht wirklich etwas ausrichten konnte. Eines Tages haben wir sie dabei beobachten können, was passiert, wenn das Reh stehen blieb: Sie tat es auch und sah erwartungsvoll in Richtung Reh. Ihr Blick hätte sagen können: Wie, schon fertig?

Heute fasse ich mir an den Kopf über so viel Naivität, Unachtsamkeit und Respektlosigkeit den anderen Lebewesen gegenüber. Meinem Hund ging es gut, gab es Wichtigeres? Zu meiner Ehrenrettung muss ich sagen: Ich wusste es nicht – zu meiner Schande muss ich gestehen: Ich habe auch nicht nachgedacht.

Rehe leben im Winter in einer Art Reservemodus. Sie können nur zirka 60 Prozent der Energie nutzen, die ihnen in der warmen Jahreszeit zur Verfügung steht. Wird ein Reh im Winter gehetzt, setzt das Tier also jede Menge Energie ein, die es eigentlich zum Überleben braucht. Wird es öfter gehetzt, verendet es qualvoll, weil es einfach keine Kraft mehr hat, sich um sein Überleben bis zum Frühjahr zu kümmern. Im Frühjahr (zumindest außerhalb der Schonzeit, die haben wir allerdings genau eingehalten) ist es entweder trächtig und kann den Stress nun wirklich nicht brauchen, oder es schützt sein Kitz, indem es wild hin und her rennt und irgendwann den Weg zurück nicht mehr findet. So harmlos, wie wir dachten, war die Hetzerei also nicht, auch wenn Ella als kleiner Hund nicht in der Lage gewesen wäre, ein Reh zu reißen. Hasen ergeht es übrigens ähnlich, auch sie sterben nach einer Hatz nicht selten einfach an Erschöpfung und daraus resultierendem Herzinfarkt. Aber zu der Zeit waren wir noch 100-prozentige Städter und ziemlich naive Ersthundbesitzer.

Ella war im Wendland in ihrem Element. Einmal machten wir einen Spaziergang an der Elbe und sie scheuchte erfreut ein paar Enten auf, die laut schnatternd Richtung Fluss wegflogen. Sie war so begeistert, dass sie den fliegenden Enten hinterherraste, vor Freude und Enthusiasmus mit einem Riesensatz in die Elbe sprang und sie schwimmend noch ein kleines Stück begleitete. Das Besondere daran war, dass sie nur ins Wasser ging, wenn es sich überhaupt nicht vermeiden ließ. Sie fand, Wasser gehört in die Trinkschale, aber auf dem Körper eines Hundes hat es nichts zu suchen. Umso erstaunter waren wir über die resolute Ausführung ihres kleinen Scheuchausflugs.
Bällchenholen oder ähnlich profane Spielangebote unsererseits quittierte sie mit einem milden Blick und einer galanten Drehung, in der sie uns ihr Hinterteil zeigte – nur Betätigungen, die Futter versprachen, waren für sie

überhaupt wert, überdacht zu werden. Wenn sie mal eines von unseren Kommandos ausführte, dann war das ausschließlich ihrem immer knurrenden und nie gefüllten Magen geschuldet.

Da wir von Anfang an keine Erziehung mit Leckerlis verfolgten (ehrlicherweise muss ich sagen, wir folgten überhaupt keiner Erziehungsform) und zweimalig gleich zu Beginn unserer Hundekarriere bei einer Trainerin waren, die einen anderen Erziehungsstil bevorzugte, wurden Leckerlis von uns so gut wie nie eingesetzt. Die Argumentation dieser Trainerin, dass solcherart Erziehung keine Beziehung fördere, sondern es sich lediglich um Bestechung handele, nickten wir erst einmal ab, ohne diese Aussage zu hinterfragen. Heute denke ich ein wenig anders darüber. Sicher, wenn ich bei jeder sich bietenden Gelegenheit zum Leckerli greife, tue ich weder mir noch dem Hund einen Gefallen. Nutze ich bei einigen wenigen und mir wirklich wichtigen Kommandos dieses Hilfsmittel als anfängliches Werkzeug, und ist mein Umgang damit ein bewusster, glaube ich nicht, dass ich damit meinen Hund ständig besteche. Vielmehr gebe ich ihm eine für ihn verständliche Hilfestellung beim Erlernen der neuen Sprache.

Ella feierte ihr Leben in Freiheit und Geborgenheit und war eine selbstbewusste und autonome Hündin, die zwar zum Kuscheln aufs Sofa kam, sich bei Gewitter unter unserer Bettdecke versteckte, ansonsten aber tat, was ihr gut gefiel, und die uns souverän durch Felder und Wälder führte. Heute würde ich sagen, wir liebten sie, aber wirklich geführt haben wir sie mitnichten.

Dennoch: Ella war der Clou der Siedlung, jeder liebte ihre eigenständige Art und wir hatten jede Menge Adoptionsangebote, sollten wir ihrer einmal überdrüssig werden …

ZWEITHUND

Ungefähr eineinhalb Jahre nachdem Ella zu uns gekommen war, wuchs die Idee, einen zweiten Hund zu adoptieren. In meiner Naivität dachte ich, ob ich mit vier oder acht Pfoten Gassi gehe, würde auch keinen großen Unterschied machen und noch so eine Maus wäre doch prima. Rainer war ein wenig zögerlich ob meiner guten Idee. Allerdings hat er, im Gegensatz zu mir, die Fähigkeit, Neuerungen von allen Seiten zu beleuchten und auch die Dinge zu sehen, die ich gerne ausblende oder mir hübsch rede. Es hat sich also bewährt, ihm die Zeit zu geben, die er braucht, um zu einer guten Entscheidung zu kommen - auch wenn ich vor Ungeduld kurz vorm Platzen bin.
Das Ende vom Lied war, dass er zwar die einen oder anderen Bedenken hatte, meine schlagenden Argumente für einen Zweithund überzeugten dann aber doch- oder wollte er nur, dass ich Ruhe gebe? Heute lässt es sich schwer sagen und er würde Letzteres vehement abstreiten...

Jetzt begann eine kurze, aber intensive Suche nach einem passenden Zweithund. Ein Rüde sollte es sein, denn ich hatte gelesen (ja, beim Thema Zweithund hatte ich mich tatsächlich einmal in einen Ratgeber vertieft), dass ein Gespann aus älterer Hündin und jüngerem Rüden in der Regel wenig Konfliktpotenzial birgt. Wir suchten nun also einen jüngeren Rüden (Ella war zu der Zeit zirka zweieinhalb Jahre alt), der vielleicht etwas größer als sie, aber für uns noch handhabbar und für ihre Körpergröße passend war. Ein Zuchthund kam für uns nicht infrage, es gab so viele Hunde im Tierschutz, und wo wäre unser Wirbelwind geblieben, wenn Tierschützer sie nicht geholt und sich um sie gekümmert hätten?

Allgemein denke ich, es ist wichtig, auch beim Tierschutz genau hinzuschauen: Mit wem haben wir es zu tun? Wann werden Tiere ohne Notwendigkeit aus ihrem vielleicht kärglichen, aber eigenständigen und freien Leben gerissen, um sie dann in einem Tierheim unterzubringen, das unter notorischen Geldmangel leidet, den Hunden nur ein Leben in Gefangenschaft und Leid bieten kann, mit zu engen Zwingern, Betonboden, zu wenig Futter, zu vielen Hunden. Nicht selten werden Hunde, die einen Besitzer haben, aber frei auf den Straßen herumlaufen, von wohlmeinenden Privatpersonen in ein Tierheim bugsiert. Es ist eines, einen Hund, der verletzt ist, zu sensibel oder zu jung, um sich auf der Straße behaupten zu können, in ein Tierheim zu bringen. Etwas ganz anderes ist die Idee der Menschen, alle Hunde bräuchten ein Zuhause mit Sofa, Plüschkörbchen und Leckerli. Viele der vermeintlich „geretteten" Hunde fristen in den Tierheimen ein trostloses Dasein. Wenn sie nicht jung, niedlich, mit einer hübschen Fellfarbe ausgestattet, möglichst klein und zumindest auf den ersten Blick unkompliziert sind, haben sie fast keine Vermittlungschance. Und selbst wenn es zu einer Vermittlung kommt, sind diese Hunde nicht immer glücklich, Sitz, Platz, Fuß zu lernen, denn das wird diesen eigenständigen Wesen nicht gerecht. Auf der Straße wäre ihre Lebenszeit um einiges kürzer gewesen, aber selbstbestimmt und frei.

Etwas ganz anderes ist es in Ländern, in denen per Gesetz keine freilaufenden Hunde leben dürfen. Diese Tiere werden auf grausame Weise eingefangen und in die dortigen Tierheime gesteckt, von wo es ohne Tierschützer für sie kein Entkommen gibt. Wir haben zwei Hunde aus dem Ausland und es sind wunderbare Wesen. Sehr viele Tierschutzvereine sind seriös und machen eine wunderbare Arbeit, dennoch ist es ratsam, genau hinzuschauen, wenn man einen Hund adoptiert.

Wir hatten bei beiden Adoptionen Glück, was nicht unserer profunden Recherche in der Tierschutzszene zu verdanken war, sondern einfach dem lieben Gott, der es gut mit unseren Tieren meinte und sie verantwortlichen Tierschutzhänden anvertraute.

FINN

Nach kurzer Suche fand ich das Bild eines hinreißenden Junghundes, der sich bereits auf einer Pflegestelle in der Nähe von Berlin befand. Es ist anscheinend eine Laune des Zeitgeistes, dass wir uns in Bilder und Beschreibungen eines Wesens verlieben, ohne ihm auch nur einmal begegnet zu sein. Ich sah also auf meinem Computerbildschirm diese bezaubernden Augen und wusste tief in mir: Ich habe meinen Seelenhund gefunden. Obwohl ich Ella hinreißend finde, ist sie doch schon immer ein Herrchen-Hund gewesen. Es ist ja verpönt in der Hundehalterszene, einem von mehreren Hunden den Vorzug zu geben. Da Ella aber ihren Seelenmenschen in Person meines Mannes längst gefunden hatte, hielt sich mein schlechtes Gewissen in Grenzen.

Seit vielen Jahren gehört die mentale Kommunikation mit allem was lebt zu meiner täglichen Arbeit. Natürlich habe ich auch Ella gefragt, was sie von einem hündischen Neuzugang halten würde. Sie schien grundsätzlich nicht abgeneigt, fand die Idee eines vierbeinigen Mitbewohners sogar recht reizvoll – allerdings hatte sie auch ein wenig Bedenken und Angst, eine Konkurrenz im Haus dulden zu müssen.
Heute würde ich lieber einen Dritten darum bitten, Ella diese Fragen zu stellen. Identifizieren wir uns zu sehr mit einer Idee, kann es gut sein, dass wir nicht die Antwort des Tieres wahrnehmen, sondern nur unsere eigenen Wünsche. Wir hören dann, was wir hören wollen, wobei „hören" in der Kommunikation mit Tieren nicht wörtlich zu nehmen ist, aber dazu später mehr. Damals war ich allerdings hochzufrieden mit der erhaltenen Antwort.
Ich sah also Finn, der damals Phillip hieß, in einer Anzeige im Internet und kam schnell mit Rainer überein, dass wir

mit der Pflegestelle Kontakt aufnehmen. Ich hatte solches Herzklopfen, dass ich mich nicht in der Lage sah, dort anzurufen und einigermaßen sinnvolle Worte aneinanderzureihen. So übernahm Rainer diese Aufgabe und zwei Tage später fuhren wir zur Pflegestelle von Finn.

Mit einem großen Tohuwabohu wurden wir begrüßt. Obwohl die Pflegefrau aufgrund unseres Besuches bereits einen Großteil „ihrer" Hunde in extra Räumen unterbrachte, kamen mindestens fünf Hunde auf uns zugestürmt. Als Finn um die Ecke fegte, wusste ich, das ist unser Hund. Ella raste sofort in die Gruppe, würdigte ihn aber keines Blickes. Er sah genauso aus wie auf dem Bild, war nur magerer als vermutet, sehr aufgeregt und hopste herum wie ein Dilldopp.

Nachdem sich die ganze Aufregung beruhigt hatte und der Geräuschpegel soweit abgeschwollen war, dass wir uns mit der Pflegefrau verständigen konnten, erfuhren wir ein wenig von seinem Vorleben: Rumänien erschütterte damals ein tödlicher Beißvorfall zwischen Hunden und einem Kind. Im Eilverfahren wurde ein Gesetz erlassen, das das Töten von Straßenhunden jedermann (wieder) erlaubte. Finn lebte dort zu der Zeit auf der Straße und war etwa fünf bis sechs Monate alt. Mit brutalen Methoden wurden gerade die harmlosen und jungen Hunde eingefangen, da man von ihnen keine Gegenwehr erwartete. Die Tierheime wurden nach einigen Wochen dann regelmäßig „gesäubert" und tausende Hunde grausam umgebracht – oder in einer anderen Stadt nocheinmal ausgesetzt, um zweifach zu kassieren und sie dann etwas zeitverzögert, aber mit doppeltem Gewinn, zu töten. Tierschützer fanden Finn in einem dieser Tierheime und nahmen ihn mit nach Deutschland. So entkam er dem sicheren Tod. Die Zustände in dortigen Tierheimen haben nichts mit unseren Tierheimen gemein. Auch unsere Heime kämpfen um jeden Cent und sind oft am Rande ihrer Kapazitäten, die Unterstützer und Helfer am Rande ihrer Kraft. Die rumänischen Verhältnisse sind allerdings um ein Vielfaches schlimmer. Dort ist das Töten der Tiere im großen Stil bis heute erlaubt, trotz vieler Demonstrationen, Unterschriftenkampagnen und Appelle an die Politik. Rumänien ist Mitglied der EU und widersetzt sich vehement und ungestraft den allgemeinen Tierschutzbestimmungen. Es werden bis heute Tausende und Abertausende Hunde unter den Augen ganz Europas abgeschlachtet.

Finn hat eine große Narbe am Bauch und auf meine Frage, was es mit dieser Narbe auf sich hätte, erklärte mir die Tierschützerin, die Tierärztin ginge davon aus, dass die dortigen Ärzte bei der Kastration schlichtweg nicht aufgepasst hätten. Man hatte ihn „versehentlich" als Hündin deklariert, aufgeschnitten, dann den Irrtum erkannt, zugenäht und wie einen Rüden kastriert. Schon diese Geschichte trieb mir die Tränen in die Augen, dazu kamen für den zu der Zeit fünf- oder sechsmonatigen Hund noch das Einfangen durch die Tierfänger, die Trennung vom Straßenrudel, der Aufenthalt im rumänischen Tierheim, jede Menge fremder und älterer Hunde mit im Zwinger und der Transport per Lastwagen von Rumänien nach Deutschland. Immer mit in seinem Gepäck: Angst und Unsicherheit.

Zu seiner Rasse konnte uns die Pflegestelle nichts sagen und tatsächlich stellten wir keinerlei Ähnlichkeiten zu einer uns bekannten Rasse fest. Er war hell wie ein Golden Retriever, die Felllänge ähnelte der eines Labradors, die Figur und die lange Schnauze erinnerte eher an einen Windhund. Er war für uns eine Black Box! Erst viel später sollte ich Bilder von Maremmano-Mischlingen im Internet sehen, die ihm wie aus

dem Gesicht geschnitten waren. Maremmani sind Herdenschutzhunde. Ursprünglich in Italien beheimatet, sind sie keine unterwürfigen Hunde oder Befehlsempfänger, sondern eigenständig, feinfühlig und selbstbewusst. Sie brauchen eine Aufgabe, klare Führung und ebensolche Grenzen. Ein Maremmano bewacht und beschützt hingebungsvoll, ohne aggressiv zu sein, hat aber seinen eigenen Kopf. Wir holen uns also eine Herdenschutzmischung ins Haus, ohne es zu wissen.
Finns Energiefeld, das ich wahrnehmen konnte, war groß, dünn und unabgegrenzt. Übertragen auf den Menschen würde ich sagen, es ist für diese Menschen schwer, ihre Gefühle von denen anderer zu unterscheiden. Sie bekommen viel Unausgesprochenes mit, registrieren, was auf energetischer Ebene passiert, und haben häufig keine Erklärung für ihr eigenes Befinden. Sie ahnen dabei nicht, dass es nicht primär ihr Befinden ist, sondern vermischt mit dem ihres Gegenübers. Sie reagieren sehr feinfühlig, und durch die fehlende oder schwache Begrenzung des eigenen Feldes fällt es ihnen schwer, „bei sich zu bleiben". Sie sind sehr sensibel, schnell überfordert und gestresst. Obwohl ich das alles sah und wusste, war mir nicht bewusst, was das für unser weiteres Zusammenleben bedeuten würde. Und selbst wenn, hätte ich mich damals anders entschieden? Ganz sicher nicht.

Wir nahmen also den kleinen Kerl, der laut Tierärztin zirka 55 Zentimeter hoch werden sollte, und Ella und gingen eine Zeitlang Richtung Felder spazieren. Sehr zu unserem Erstaunen lief Finn relativ gut an der Leine. Mehr überrascht und neugierig als erschrocken oder ängstlich folgte er uns auf unserem kleinen Gang. Ella machte den Anschein, als interessiere sie sich gar nicht für ihn. Sie durchstöberte die hohen Wiesen auf der Suche nach Mäusen oder anderen lukrativen Fundstücken, die ihren unersättlichen Magen füllten. Bisher hatte sie bei jeder Annäherung eines Hundes an unsere Hände ihr klares Missfallen geäußert, indem sie sofort bellend angelaufen kam und ihre kleine Schnauze zwischen unsere Hand und das Objektes ihrer Eifersucht schob. Diesmal beachtete sie jedoch weder den jungen Rüden noch uns in besonderem Maße. Wir werteten das als gutes Zeichen. Die Pflegestelle riet uns, einige Tage darüber zu schlafen und uns dann wieder zu melden. Wir verabschiedeten uns und fuhren nach Hause, jeder in seine eigenen Gedanken vertieft. Rainer und ich verabredeten, 24 Stunden nicht über Finn und seine Adoption zu reden, sodass jeder für sich selbst schauen konnte, ob er sich ein Leben mit einem zweiten - und genau diesem - Vierbeiner vorstellen konnte.

Auch hier fragte ich wieder Ella, wie sie denn den „Neuen" fand und ob sie sich vorstellen konnte, ihr Leben mit ihm zu verbringen. Ich nahm ihre Antwort damals als neutral wahr. Ja, sie fand ihn ganz okay. Nicht mehr und nicht weniger. Ich hätte mir schon gewünscht, dass sie, genau wie ich, völlig aus dem Häuschen wäre und den Tag bis zu seiner Ankunft nicht mehr abwarten könnte – aber dem war nicht so und irgendwie konnte ich es auch verstehen. Es war ein kurzer Besuch in der Pflegestelle und sie hatte jede Menge anderes zu tun, als sich den Jungspund genau anzuschauen. Ihre Ängste waren auch noch nicht wirklich zerstreut. Ich verbrachte eine unruhige Nacht.
Am nächsten Nachmittag, ich kam gerade von der großen Nachmittagsrunde mit Ella, war es dann so weit:

24 Stunden waren vorbei, wir saßen mit Kaffee und Kuchen am Küchentisch und erzählten uns unsere Gedanken und Gefühle zur geplanten Adoption. Rainer konnte sich gut vorstellen, Finn in unsere Familie aufzunehmen, und ich war nicht wirklich in der Lage, objektiv auf diesen Hund zu schauen. Verliebt ist verliebt und schaltet bekanntlich alle Synapsen zu einem rosaroten Brei zusammen. Jede Form des logischen Denkens war ausgeschaltet und ein wohlig-weiches Gefühl machte sich bei dem Gedanken breit, dass schon ganz bald dieses Wesen bei uns einziehen sollte.

Mit der Pflegestelle sprachen wir ab, dass wir den kleinen Rumänen in einigen Tagen auf dem Weg in unser Wochenendhaus im Wendland holen würden. Wir wollten den Aufenthalt in der Stadt ein wenig hinauszögern und den beiden Hunden die Gelegenheit geben, sich in Ruhe und mit Garten vor der Tür kennenzulernen. Dort in der kleinen Siedlung waren wenige Menschen und verhältnismäßig wenig Beängstigendes. In den nächsten Tagen besorgten wir seine eigene Leine, ein kuscheliges Bett, ich nähte ein passendes Geschirr und wir bereiteten uns langsam auf seine Ankunft vor.

Obwohl wir uns durchaus Gedanken über die Art und Weise der Zusammenführung beider Hunde gemacht hatten, haben wir so ziemlich alles falsch gemacht, was möglich war.

DER GROßE TAG

Der Tag rückte näher und dann war es endlich so weit: Wir fuhren ins Wendland und holten vorher Finn von der Pflegestelle ab. Rainer hatte just an diesem Tag einen so schweren Hexenschuss, dass er sich ohne Hilfe nicht bewegen konnte und unter schrecklichen Schmerzen litt. Ich packte also unseren gesamten Kram und schleppte die Kisten ins Auto. Für Außenstehende sah es jedes Mal aus, als packten wir für eine 6-monatige Reise nach Alaska. Der Kofferraum war übervoll, die Rückbank hatte ich natürlich für zwei Hunde frei gehalten. Beim Packen dämmerte mir schon, dass einer der Folgekäufe unseres kleinen vierbeinigen Neuzugangs wohl ein größeres Auto sein würde. Da ich diesmal durch Rainers Hexenschuss alles alleine machen musste, war ich schon zu Beginn der Reise schweißgebadet und leicht gestresst, was aber meine Vorfreude keineswegs trübte. Ella hatte sich an diesem Morgen noch übergeben und ich befürchtete, sie war einfach genauso aufgeregt wie wir. Interessanterweise hat sie sich auch an dem Tag des ersten Besuchs bei Finn übergeben. Es ging also nicht spurlos an ihr vorüber.
Nachdem ich Mann und Hund sicher ins Auto verfrachtet hatte, ging es los. Wir fuhren etwa 30 Kilometer und hielten vor der Tür der Pflegestelle von *unserem* Finn. Wir waren alle sehr aufgeregt, auch Finn spürte, dass sich gerade etwas Entscheidendes änderte, und sprang, völlig außer sich, immer an der Pflegefrau hoch. Ella drückte sich etwas desorientiert an unsere Beine und hüpfte mir irgendwann kurzerhand auf den Arm. Dieses kleine Kunststück, das sie von Anfang an perfekt beherrschte, hat sie nie verlernt und wenn es ihr zu bunt wird, macht sie das heute noch. Rainer wusste nicht, wie

er sich drehen und wenden sollte, und wir erledigten schnell die Formalitäten. Schutzvertrag, Schutzgebühr, einige Ratschläge und die Versicherung der Pflegestelle, immer für Fragen ansprechbar zu sein. Das Geschirr passte wie angegossen und so verfrachtete ich beide Hunde samt einer riesigen Box, die uns die Pflegestelle für Finn mitgab, auf die Rückbank unseres Polo. Rainer half ich auf den Beifahrersitz und los ging es ins Wendland. Die Box sprengte ein wenig die räumlichen Kapazitäten der Rückbank, aber die Pflegefrau versicherte uns, Finn würde gut Auto fahren und fühle sich geborgen und wohl in der Box. Na denn, wenn es ihm guttat...

FAHRT

Finn saß in der riesigen Box und Ella angeschnallt, und ein wenig in die Ecke gedrängt, auf ihrer Decke. Nach nicht mal einem Kilometer fand unsere kleine Podencohündin ihre Sprache wieder und schrie wie am Spieß. Leicht irritiert hielt ich an und versuchte das Problem zu ergründen und die Situation ein wenig zu befrieden – das Ende vom Lied war: Ella saß grinsend in Finns Box und freute sich, und Finn lag angeschnallt auf Ellas Decke. Alle schienen zufrieden und die Fahrt konnte weitergehen.
Wir kamen ungefähr 180 Kilometer weit. Gerade als wir von der Autobahn herunterfuhren, vernahm ich ein würgendes Geräusch auf der Rückbank und ehe ich anhalten konnte, erbrach Finn seinen gesamten Mageninhalt in die Box, in der Ella schlief. Ich hielt an und Ella schaute entsetzt und leicht irritiert aus der Box. Notdürftig entfernte ich das Malheur und nutzte die Zeit zum kurzen Hunde-Pipigang. Ella wollte jetzt nicht mehr in die Box und wir standen da, mit einem kleinen Auto, einer Riesenbox und zwei Hunden, die sich noch nicht kannten. Ich stopfte das Boxenmonstrum irgendwie in den hinteren Fußraum, den Deckel hinter den Beifahrersitz und beide Hunde angeschnallt auf die Rückbank. Weiter ging es noch eine Stunde über Land, bis wir endlich – inzwischen war es bereits fast dunkel - in unserem Ferienhaus ankamen. So, wie wir uns das vorgestellt hatten – ankommen, erst einmal zusammen in den Garten und eine kleine Runde drehen –, klappte es schon mal nicht. Dazu kam, dass es Rainer zunehmend schlechter ging, sodass er sich eigentlich nur vom Auto aufs Sofa schleppen konnte und sich dort nicht mehr rührte. So kam Finn völlig unvorbereitet in Ellas heilige Gefilde, was bei ihr eine

ziemliche Irritation hervorrief. Ihr Blick verriet, dass sie nicht genau wusste, ob sie jetzt ausflippen sollte oder es geschickter wäre, ruhig abzuwarten, bis der merkwürdige Hund wieder verschwand.

Im Wendland sieht man abends die Hand vor Augen nicht und ich musste mich beeilen, um unsere Sachen aus dem Auto in das Haus zu tragen. Der Ofen, die einzige Wärmequelle im Haus, musste angefeuert werden, denn es war Ende Oktober und schon empfindlich kalt. Es half alles nichts, ich musste mich erstmal um die Basis kümmern und machte mich an die Arbeit.

Zu Rainers Hexenschuss gesellten sich inzwischen massive Bauchkrämpfe. Ich war gestresst. Überall standen Kisten unausgepackt herum, Rainer krümmte sich vor Schmerzen auf dem Sofa, es war kalt im Haus, beide Hunde waren völlig durcheinander und ich rief den Notarzt. Er kam nach einer halben Stunde und hatte dummerweise Angst vor Hunden. Finn war völlig außer Rand und Band und total verunsichert, Ella empört, eigentlich über alles, und so bellten sie gemeinsam wie die Wilden, sprangen an dem armen Kerl hoch und kriegten sich kaum noch ein. Der Rat des Arztes erschöpfte sich in Kamillentee, Rainer litt weiter an schwersten Krämpfen, Finn erkundete inzwischen genau die Räumlichkeiten, hob hier und dort ein Bein, während ich mit Wasser und Lappen bewaffnet hinter ihm her wischte. Ella saß skeptisch auf dem Sofa und beäugte das Ganze mit wachsender Besorgnis. Eine Stunde später waren die Schmerzen von Rainer so schlimm, dass ich den Krankenwagen rief. Wieder fremde Menschen, wieder ein mächtiges Bellen, wieder ein Arzt mit Hundephobie (was auf dem Land eher selten ist, wir hatten es an diesem Abend allerdings im Doppelpack). Nachdem alle weg waren und

Rainer auf dem Weg ins Krankenhaus, saß ich zitternd und den Tränen nah auf dem Sofa. So hatte ich mir den ersten Tag mit Finn nicht vorgestellt.

Die Nacht verlief relativ ruhig, ich schleppte den kleinen Kerl die Stiege hoch, wo unser Schlafraum war, und erschöpft fielen wir alle drei in einen tiefen Schlaf. Am nächsten Tag konnten wir Rainer wieder vom Krankenhaus abholen, eine klare Diagnose gab es nicht, aber die schlimmsten Schmerzen waren vorbei. Jetzt konnte die Zusammenführung beginnen.

ELLA UND FINN

Es dauerte eine ganze Weile, bis Ella akzeptierte, dass dieser große, junge und etwas ungestüme Hund bleiben sollte – so egal, wie es bei unserem ersten Besuch schien, war es ihr dann offensichtlich doch nicht.

Nach diesem anstrengenden und auf allen Ebenen ungünstigen Start kam sofort der zweite große Fehler: Ich hatte Mitleid mit Finn. Die Geschichte dieses kleinen Kerlchens rührte mich zutiefst und statt zu sagen „Ab heute wird es anders", tat er mir leid. Mitleid ist immer ein schlechter Ratgeber, Mitgefühl macht dagegen unser Herz größer. Der Unterschied ist, dass ich mit Mitgefühl in meiner Mitte bleibe. Es gibt aber eine energetische Verbindung auf der Herzebene, die den anderen nährt und unterstützt, ohne ihn zu vereinnahmen oder übergriffig zu werden. Mitleid ist dagegen anders. Auf der Energieebene verschwimmen die Grenzen, ich rutsche aus meiner Mitte und wechsle quasi die Seiten. Ungut für beide. Er brauchte kein Mitleid, er brauchte Führung und das Gefühl von Sicherheit.

Ohne in Ellas Augen etwas für unsere Gemeinschaft getan zu haben, bekam Finn sogleich genau dieselben Privilegien wie sie. Viele der Begünstigungen hatte sie sich dagegen vorher wirklich erarbeiten müssen. Er durfte zum Beispiel von Anfang an mit aufs Sofa und schlief am Fußende im Bett. Ella hatte sich das Bett vor eineinhalb Jahren im wahrsten Sinne des Wortes mühevoll erschlichen. Jeden Abend schlief sie auf einem großen, kuscheligen Sessel mit einem weichen Fell im Zimmer nebenan ein. Immer wenn sie nachts zu uns ins Zimmer kam, brachten wir sie konsequent zurück auf ihren Fellstuhl. Nach einigen Wochen kam sie dann nachts auf wirklich leisen Pfoten ins Schlafzimmer geschlichen, wir haben sie nicht gehört und morgens lag sie mit einer engelsgleichen Unschuldsmiene zu unseren Füßen und gähnte uns freudig an. So viel zu unserem Vorsatz, der Hund kommt nicht in das Bett. Auf das Sofa durfte sie zwar von Anfang an, aber ich denke heute, es hätte ihr bestimmt gut gefallen, wenn der „Neue" das alles am Anfang nicht gedurft hätte und erst nach einer Zeit dieselben Privilegien genossen hätte wie sie.

DIE ERSTEN TAGE

Vom ersten Tag an machte Finn alles mit uns mit. Statt ihm Zeit zur Eingewöhnung zu geben und ihn erst einmal nur in Haus und Garten zu lassen, damit er die ganzen neuen Eindrücke in Ruhe verarbeiten konnte, nahmen wir ihn morgens und nachmittags mit auf lange Spaziergänge. Wir stellten ihn jedem Siedlungsbewohner vor, der zu uns an den Zaun kam, machten Zusammenführungen mit Nachbarhunden und die Krönung war ein Ausflug in die Stadt. Zugegeben, Lüchow ist im Vergleich zu Berlin ein wirklich sehr kleines Städtchen, aber dieser Hund kam von der Straße, wurde als Junghund gefangen (in der Regel werden in Rumänien Drahtschlingen dafür genutzt), kastriert, dennoch aufgeschnitten, zugenäht, in einen Zwinger gesteckt, auf einen Lkw geladen, zu einer Pflegefamilie mit mindestens zehn Hunden verfrachtet und landete dann bei uns. Er brauchte nur eins: Ruhe. Meine Idee war aber, ein Ausflug nach Lüchow wäre eine sanfte Einführung in das Stadtleben, das ihn in Berlin zehn Tage später erwartete. So wurschtelte ich ihn am dritten Tag ins Auto und fuhr los.

Er hielt sich unglaublich wacker: Mit eingezogenem Schwanz, aber mutig und tapfer stapfte er, über die Leine mit mir verbunden, durch die Stadt. Nach 30 Minuten hatte ich dann endlich ein Einsehen und wir fuhren wieder nach Hause. Es prasselte soviel Angsteinflößendes auf ihn ein, und ich gab ihm viel zu wenig Zeit, die Eindrücke zu verarbeiten. Führung oder gar Sicherheit von unserer Seite gab es damals fast nicht.

Von Anfang an bekam er, wie Ella auch, Frischfleisch und püriertes Gemüse. Eine Trainerin hatte uns bereits bei Ella erklärt, es sei für Hunde das Größte, schnüffelnd durch den Garten zu ziehen und ihr Frühstück selbst zu finden. Also versteckten wir, immer wenn wir in unserem Ferienhaus waren, das Futter im Garten. Keine gute Idee, wenn ein 14 Kilo magerer Hund dabei ist, der alles frisst, um nur nicht zu verhungern. Als ich also den Fleisch-Gemüse-Mix für beide versteckt hatte, rannte Finn völlig hektisch durch den Garten und suchte sein Fressen, während Ella systematisch den Garten durchkämmte und nach 20 Minuten mehr als satt und grinsend vor uns stand – vielleicht doch nicht so schlecht, der Neue, zumindest ein Garant für 'ne große Extraportion!

Heute fasse ich mir an den Kopf, wenn ich an meine Unfähigkeit und Naivität von damals zurückdenke, und bin gleichzeitig begeistert, wie gut es Finn *trotz* uns geschafft hat, ein verhältnismäßig unneurotischer Hund zu werden. Vom nächsten Tag an machten wir es besser und die Hunde kamen nacheinander in ihren Such-Schnüffel-Essensgenuss. Abends bekamen sie beide, aufgrund des Platzmangels nebeneinander, Futter aus ihren Näpfen und auch das ging erstaunlich gut.

Auf Spaziergängen wich uns Finn nicht von der Seite und es war daher ein Genuss, mit ihm spazieren zu gehen, waren wir doch von Ella anderes gewohnt.

LEBENSTHEMA

Eines Abends setzte ich mich gemeinsam mit Finn hin und fragte ihn, ob es etwas gebe, was er gemeinsam mit uns oder mir lernen möchte? Dafür verbinde ich mein Energiefeld mit seinem, frage ihn, ob er mit mir reden und eine Frage beantworten würde. Für gewöhnlich schaut er mich interessiert an, was ich als Zustimmung werte, und dann lege ich los. Dreht er sich von mir weg, ist der Zeitpunkt ungünstig und ich lasse ihn in Ruhe. Das mutet vielleicht etwas merkwürdig an, aber ich bin davon überzeugt, dass wir mit jedem Wesen kommunizieren können und dass jedes Wesen, dass auf diese Erde kommt, eine Aufgabe in seinem Seelengepäck hat, die es gilt, gut für sich zu lösen. Eine Aufgabe könnte sein, Mitgefühl oder Verzeihen zu lernen, vielleicht gehört Selbstlosigkeit oder Liebesfähigkeit mit in den Rucksack, oder vielleicht liegt unsere Lernerfahrung in diesem Leben darin, für sich einzustehen und mutig zu sein. Was es auch immer sein mag, jedes Wesen hat ein eigenes Thema und wir treffen nicht umsonst auf bestimmte Menschen, Tiere und Umstände in unserem Leben. Jeder ist für jeden eine Art Dienstleister auf der Seelenebene. Finns Aufgabe schien „Vertrauen lernen" zu sein. Interessiert hörte ich ihm zu und war gleichzeitig erstaunt. Das war einfach zu lernen, wie wunderbar für uns beide. Wie sehr ich mich irren sollte und wie sehr das auch mein eigenes Thema war, war mir zu dem Zeitpunkt noch nicht bewusst.

So vergingen die ersten zehn Tage, beide Hunde haben einige Kämpfe ausgetragen, an deren Ende Ella demonstrativ friedlich in einer Ecke schlief und Finn völlig hektisch einen Stock nach dem anderen zerkaute. Es wurde aber nie wirklich ernst und es ist zum Glück bis heute nie ein Tropfen

Blut geflossen. Wir saßen bei den Rangeleien ziemlich fassungslos daneben und hier scheiden sich ja wirklich die Geister der Profis: Soll man die Hunde das selbst regeln lassen oder sollte man als Mensch einschreiten? Wir hatten uns meist für die erste Variante entschlossen und nur wenn klar wurde, dass die Situation kippte, sind wir eingeschritten. Auch das würde ich heute anders machen und es hätte die erste Lektion zum Thema Vertrauen werden können. Leider war ich so tief in allem Neuen verstrickt, dass ich diese wichtige Chance verpasste.

Wenn es heute einmal zu einem Streit zwischen beiden kommt, was nur noch sehr, sehr selten der Fall ist, gehen wir sofort dazwischen und geben beiden die Chance, mit gewahrtem Gesicht und erhobenen Hauptes aus der Nummer herauszukommen. Wir haben hier im Wesen zwei sehr unterschiedliche, aber beide auf ihre Art starke Persönlichkeiten, die zusätzlich in sehr unterschiedlichen Gewichtsklassen spielen, es kann also keinen Gewinner auf Augenhöhe geben. Einige der Kämpfe hätten wir sicher verhindern können, hätten wir die Zusammenführung mit mehr Grips und Sachverstand gemacht. Und vielleicht ist es auch nicht in jedem Fall richtig, als Mensch einzugreifen, wir haben bei unseren beiden allerdings die Erfahrung gemacht, dass jeder ganz zufrieden mit einem Unentschieden ist, wenn es möglich ist, dass beide ihre innere Größe behalten können.

ZURÜCK IN BERLIN

Die Fahrt zurück nach Berlin verlief besser als gedacht. Nach den gemachten Erfahrungen haben wir natürlich damit gerechnet, dass Finn sich erbricht, und waren diesmal mit Handtüchern, Wasserflasche und Mülltüte für alle Eventualitäten gewappnet. Wir machten häufiger Pause und Finns Magen hatte Zeit, sich ein wenig zu beruhigen, bevor die Fahrt weiterging. Es war bereits dunkel, als wir Berlin erreichten und etwa 100 Meter von unserer Wohnung entfernt einen Parkplatz fanden. Wir holten die Hunde aus dem Auto, Ella hüpfte auf den Gehweg und lief selbstverständlich neben uns schonmal Richtung Hauseingang. Finn stieg vorsichtig aus und war wie paralysiert. Es nieselte, die Straßen waren mit den Spiegelungen von Leuchtreklamen übersät, Autos fuhren und ihre Lichtkegel erleuchteten im Vorbeifahren die Straßen, um dann als rote Punkte wieder zu verschwinden. Jedes Licht spiegelte sich in den kleinen Tropfen, die vom Himmel fielen, Menschen hasteten mit Einkaufstüten bepackt über die Straßen, andere rannten, um noch die Grünphase der Ampel zu erreichen. Nach der Stille des Wendlands versanken wir in dem Geräuschpegel der Großstadt, der über uns wie eine Welle zusammenschlug. Wir sahen mit einem Blick mehrere Hunde an der Leine neben ihren Menschen herlaufen, ein Kind schrie, der Glascontainer an der Ecke wurde lautstark befüllt, ein Bus bretterte an uns vorbei. Für uns alles völlig normale Geräusche und auch für Ella, die die Stadt gewohnt war und Trubel liebte, nichts Besorgniserregendes. Für Finn war diese Kakophonie eine Katastrophe und unser neues Rudelmitglied bekam seinen ersten Stadtflash. Er stand vor der grünen Ampel, starrte dieses leuchtende Ding an und ging keinen Schritt weiter. Alles um ihn herum rauschte an ihm vorbei, ohne dass er die Chance hatte zu erfassen, was gerade geschah. Er war wie in einer Schockstarre. Wir hatten zwei Ampeln zu überqueren und noch ungefähr 50 Meter zu laufen, bis wir unseren schützenden Hauseingang erreichen würden, aber Finn bewegte sich keinen Schritt vorwärts. Auch ich empfand Berlin inzwischen als überaus anstrengend, umso dringender wollte ich die Tür zu unserer geschützten, gemütlichen Wohnung hinter uns schließen.

Heute würde ich mich mit Finn an den Rand des Geschehens setzen und so lange warten, bis er bereit wäre, weiterzugehen. Das könnte einige Zeit dauern...

Damals redete ich eine gefühlte halbe Stunde mit Engelszungen auf ihn ein. Es war kalt, ich wollte nach Hause, das Auto musste leergeräumt werden, wir alle hatten Hunger und um meine Laune war es sowieso nicht zum Besten bestellt, wenn Berlin, laut und aufdringlich versuchte, Besitz von uns zu ergreifen. Ich sehnte mich schon beim Aussteigen aus dem Auto nach unserem kleinen Haus im Wald, der Finsternis bei Neumond, der Helligkeit bei Vollmond. Mir fehlten das Knistern unseres Ofens, die heimelige Atmosphäre und das wohlige Gefühl, das mich immer umarmte, wenn ich im Wendland war.

Nach einer langen Zeit des Wartens und Zuredens ging Finn dann endlich zaghaft, Schritt für Schritt, gemeinsam mit mir über die Straße. Er drückte sich ganz eng an eine Hauswand, seine Angst, sein Unbehagen und seine Unsicherheit waren mit Händen zu greifen. Die Wand links, er in der Mitte, ich ganz dicht bei ihm auf der rechten Seite legten wir langsam die kurze Strecke bis zu unserem Hauseingang zurück. Noch eine Stufe und wir traten durch unseren Eingang und ließen die unwirtliche Welt draußen.

Der nächste Schock kam im Haus. Wir wohnten in der 2. Etage und hatten neben dem Treppenaufgang auch einen Fahrstuhl, den wir gerade beim Ein- und Auspacken sehr schätzten. Da Finn bisher kaum Muskeln besaß und es auch nie gelernt hatte, konnte er keine Treppen steigen. Hoch hätte er es noch irgendwie geschafft, aber hinunter wäre es ein einziges Stolpern und Fallen gewesen. Treppen kamen also noch lange nicht infrage. Blieb der Fahrstuhl. Ein kurzer Blick in die kleine Kabine genügte und er wusste: *Hier* gehe ich nie und nimmer hinein. Wir vermuteten, dass beim Anblick dieses kleinen Kabuffs Ängste und Traumata wachgerufen wurden. Die Hundefänger sind nicht zimperlich, fangen die Tiere mit einer Drahtschlinge, stecken zig Hunde zusammen in eine kleine Kiste und bringen sie ins Tierheim. Auch die Fahrt von Rumänien nach Deutschland erfolgte in so einer Kiste, wenn ich auch hoffte, dass sie größer und komfortabler war als die der Hundefänger. Die Erinnerung an diese Erfahrung schien übermächtig Besitz von dem jungen Hund zu ergreifen, sodass Rainer ihn kurzerhand die zwei Stockwerke hoch in unsere Wohnung trug. Dort angekommen, taute er langsam wieder auf und begann, die 130 Quadratmeter unseres Altbaus genauestens zu inspizieren. Er setzte kleine Marken, das musste auf jeden Fall sein, und Ella beäugte das Geschehen fassungslos. Hatte sie bis dahin noch gehofft, der Besuch des Neuen wäre nur ein vorübergehendes Rendezvous, wurde ihr spätestens jetzt klar: Der bleibt.
Uns erfasste eine schwer auszuhaltende Unsicherheit: Taten wir dem Hund einen Gefallen in dieser großen Stadt?

STADTLEBEN

Am nächsten Morgen sah die Welt des vierbeinigen Neuberliners schon etwas weniger beängstigend aus. Die kreischend grellen Lichter des Vorabends waren verschwunden und weniger Menschen bevölkerten die Straße. Als Rainer zu seiner üblichen Morgenrunde aufbrach, war er auf alles gefasst, aber unsere kleine Wundertüte ging mutig neben ihm und Ella her und gemeinsam erreichten sie binnen zehn Minuten den nahegelegenen Viktoriapark. Hier fühlte Finn sich gleich heimisch: Viele Hunde – das kannte er gut. Er freute sich über die Auswahl an Spielgefährten und tobte über die Wiese. Er lief und hüpfte über die großen Freiflächen und es schien, als hätte er den Abend zuvor als Albtraum verbucht und vergessen. Ungestüm mit jungen Hunden, respektvoll mit Älteren, spürte man schnell, dass er auf der Straße groß geworden war und sich gegenüber jedem Hund genau passend verhielt. Unsere menschlichen und hündischen Parkbekanntschaften begrüßten ihn freudig und interessiert und durch seine freundliche Art wurde er sofort integriert. Diese Erfahrung machte uns Mut und das Häufchen Elend vom Abend zuvor machte einem mutigen, sozialverträglichem Junghund Platz.

Wir wurschtelten uns gemeinsam von Tag zu Tag. Viele Herausforderungen, vor die uns Ella nie gestellt hatte, kamen mit Finn auf uns zu. Gott sei Dank nahm er langsam ein wenig zu, was für unsere Trageaktionen allerdings nicht von Vorteil war. Er fuhr nur ungern Auto, sollte sich aber selbst entscheiden, ins Auto zu steigen, damit der Wagen nicht als negativ abgespeichert wurde. Das Auto war ja im weitesten Sinne wieder eine Kiste, was erklären konnte, weshalb er so überaus kritisch und zurückhaltend war.

Deshalb dauerte das ganze Prozedere des Einsteigens und Losfahrens selten unter 10 Minuten. Endlich, zwar unglücklich aber wagemutig stieg er mit einer Pfote voran langsam ins Auto. Waren wir an diesem Punkt angelangt, ging der Rest fast von alleine. Fortan planten wir also mehr Zeit für das Einsteigen ein. Ella setzten wir zu Beginn unserer gemeinsamen Zeit einfach ins Auto, sie wäre alleine gar nicht auf die Rückbank gekommen. Wenn sie also Angst gehabt hätte, wäre uns das vermutlich gar nicht aufgefallen.

Menschen, die Finn gerade in der ersten Zeit etwas zu essen gaben, vergaß er nie wieder. Eigentlich wollten wir nicht, dass er von anderen gefüttert wurde, aber weil er so dünn war, sahen sich die Hundeexperten aus Wald und Park genötigt, uns Rabenhundehalter mit flehendem Blick anzuschauen: „Doch nur *eins*! Kann doch nicht schaden!" Wir wurden auch gemaßregelt von besorgten Hundehaltern, der Hund würde nicht genug zu fressen kriegen!
Ich wollte die Menschen nicht enttäuschen und genehmigte es – ein fataler Fehler, der nur entstand, weil *ich* es nicht aushalten konnte, *Nein* zu sagen und damit eine klare Grenze zu setzen! Und dann gab es noch die, die gar nicht erst fragten...
Sobald er wieder einen seiner großen Gönner auf der Straße begegnete, kekste er schier aus, raste auf ihn zu, sprang an ihm hoch und gab erst Ruhe, wenn er etwas Besonderes in der Schnauze hatte. Interessanterweise störte *das* dann aber die Fütterer, so hatten sie sich das nicht vorgestellt. Aus dem kleinen dünnen Finn wurde mit der Zeit ein größerer Finn – und auch der sprang seine Gönner in freudiger Erwartung an! Zog Ella mit ihren acht Kilo an der Leine, war es zwar nervig, aber sie schaffte es weder, mir den Arm auszurenken,

noch mich auf die andere Wegseite zu ziehen. Bei Finn war das schon etwas anderes. Wollte er unbedingt irgendwohin, zog er einfach und ich, Klein-Ellchen gewöhnt, flog die erste Zeit mit fliegenden Fahnen hinter ihm her. Je größer und schwerer er wurde, desto mehr wurden diese Kleinigkeiten zu Themen, denen wir dringend unsere Aufmerksamkeit geben mussten. Dazu kam, dass er mit seinen sieben Monaten wirklich noch ein sehr junger Hund war, während Ella zwar mit 14 Monaten damals auch nicht alt, aber um einiges vernünftiger war als er.

KLEINE ERFOLGE

Der Fahrstuhl war als Drama schnell aus der Welt. Finn lernte, dass das Verweilen in der Kiste von sehr kurzer Dauer war, Ella ging forschen Schrittes voran und er mit skeptischem Blick hinterher. Gab es dann auf der großen Fahrt vom zweiten Stock ins Erdgeschoss auch noch eine Wegzehrung, konnte er es ziemlich schnell gut aushalten. Der Muskelaufbau ging sehr langsam, aber er nahm zu, wenn auch viel, viel langsamer als erwartet.

In Berlin – wie auch im Wendland – trafen wir auf jede Menge Hundeexperten, die ihren sicher gut gemeinten Rat an den Mann und die Frau bringen wollten. Keine Frage, wir waren Anfänger und neu in der Hundeszene, vieles überforderte uns, aber manche der ungebetenen Ratschläge waren hanebüchen – um das zu erkennen, brauchte ich weniger Sachverstand als Herz. Die Trainerin, die wir bei Ella zweimal aufsuchten, war inzwischen über TV und Bücher so bekannt geworden, dass sie keine Zeit mehr für Trainingsstunden mit Finn hatte. Sie empfahl eine Kollegin, die sie ausgebildet hatte. Diese Trainerin brauchte allerdings vier Wochen, um sich zu melden, nachdem wir eine Bitte um Rückruf auf ihrem Anrufbeantworter platziert hatten. Wenn ich einen Anruf einer neuen Patientin auf meinem Anrufbeantworter hatte, habe ich schnellstmöglich zurückgerufen – und wenn ich nur sagte, dass ich erst in 14 Tagen einen Termin geben kann. Sich erst nach vier Wochen zu melden, war für uns inakzeptabel.

Wir suchten also einen Trainer, der mit den Hunden vor allem körpersprachlich *kommuniziert* und uns das Hunde-Einmaleins beibrachte, und niemand, der bei jeder passenden und unpassenden Gelegenheit Leckerlis in den Hund stopfte, mit Rappeldosen nach ihm schmiss oder den Leinenruck als probates Mittel anpries. Niemand der selbst ernannten Spezialisten aus Wald und Flur konnte uns jemanden empfehlen, der auf diese Weise mit den Hunden arbeitete. Auch meine Recherchen im Internet waren erfolglos und so waren wir weitestgehend auf uns alleine gestellt. Heute hat sich das ein wenig gewandelt und zumindest in Städten wie Berlin gibt es jetzt diese Art Trainer, wie wir sie damals suchten, wenn auch nicht wie Sand am Meer.

Um es noch einmal deutlich zu machen: Ich bin nicht gegen positive Bestärkung und damit einhergehend ab und zu auch dem Einsatz von Leckerlis nicht abgeneigt - nur bei jeder Gelegenheit und mit dem Resultat eines zwar folgsamen, aber völlig uneigenständigen Hundes ist es nicht ganz mein Fall. Ich hatte immer ein Problem mit den „Feiiiiin!" kreischenden Hundehalterinnen, die mit allem bewaffnet, was das Hundeherz begehrt, nach jeder dieser trommelfellschädigenden Attacken einen Leckerliregen über den Hund ergießen. Zugegeben, diese Hunde hören - zumindest ohne Hasen, Radfahrer oder Jogger in Sicht - aufs Wort, und vielleicht heiligt der Zweck die Mittel, aber ob sie zu *ihrem Menschen* oder eher zu *seiner Jackentasche* kommen, lasse ich als Frage einmal so im Raum stehen.

ERZIEHUNG

Ich spürte, dass ich mich um Finns Erziehung ernsthaft kümmern musste. Was bei Ella, oft bedingt durch ihre Größe und ihr Alter, nie ein Problem war, war bei Finn etwas völlig anderes. Die Info der Tierärztin „Der ist mit seinen 50 Zentimetern so gut wie ausgewachsen" war schlicht eine Fehlinformation. Statt in die Breite ging er erst einmal in die Höhe und bei 67 Zentimetern habe ich aufgehört zu messen. Dass unsere Wohnung nicht gerne als Hundeklo missbraucht wurde, begriff er sehr schnell, aber er fraß seinen Kot, wenn ich nicht schnell genug bei ihm war, um ihn davon abzuhalten. Außerdem kotete er viel und oft. Er hatte zwar keinen Durchfall, aber ich hatte das Gefühl, sein Futter wurde nur zu einem geringen Teil von seinem Körper verwertet. Der weitaus größere Teil landete entweder dann doch wieder im Magen, oder, wenn ich blitzschnell und achtsam genug war, im Plastikbeutel.

Es folgte eine lange Zeit des Lesens, Recherchierens, Googelns und Fragens bei Menschen, von denen ich mir eine kompetente Antwort erhoffte. Da ich nichts wirklich Brauchbares fand, verließ ich mich irgendwann endlich auf mich selbst, schaltete meine grauen Zellen zusammen und überlegte, was einen Hund dazu brachte, seine Ausscheidungen wieder zu fressen. Ein kotfressender Hund machte ja zweierlei: erstens das, was ihn irgendwann einmal am Leben hielt. Wenn es nichts gab, hatte er wenigstens noch seine Ausscheidungen, die er fressen konnte. In den meisten Tierheimen Rumäniens wird nicht geschaut, dass sich passende Hunde einen Zwinger teilen. Es kommen Große zu Kleinen, Schüchterne zu Draufgängern und Welpen zu Erwachsenen, ein kleiner oder junger Hund hat also bei der Futterverteilung ziemlich schlechte Karten. In der Not versucht natürlich jeder Vierbeiner, etwas vom wenigen Futter zu ergattern und ein Junghund mit zwei Kastrationsnarben ist sicher nicht nur einmal leer ausgegangen. Zweitens versuchte er auf diese Weise, fehlende Stoffe in der Nahrung auszugleichen. Da diese Stoffe inzwischen bei ihm, objektiv betrachtet, nicht wirklich in der Nahrung fehlten, sondern offensichtlich von seinem Organismus einfach nicht aufgenommen werden konnten, kam es zu diesem Symptom.

Außerdem benötigen Hunde aus dem Tierschutz jede Menge Entwurmung, Entflohung und so weiter, um überhaupt „ausgefein" für die Einreise in das hübsche Deutschland zu werden. Diese Mittel greifen leider sowohl den Darm als auch das Immunsystem dieser Tiere an und entsprechend am Boden ist der gesamte Verdauungsorganismus. Der Zustand der Abwehr hängt, wie bei uns Menschen auch, maßgeblich mit dem Zustand des Darms zusammen. Die Leber entgiftet den Körper und sie hat in der ersten Zeit nach der Einreise alle Hände voll zu tun. All diese Mittel sind Gift für den Körper – wenn auch ein wichtiges und notwendiges. Ich begann also, seine Leber zu entgiften und den Darm wieder aufzubauen.

Um das zu erreichen, pulverisierte ich getrocknete Pflanzen wie Mariendistel und Löwenzahn zur Unterstützung der Leber und mischte das Pulver unter das Futter. Zusätzlich gab es Bio-Joghurt und unterschiedliche Pflanzen zum Aufbau der Darmschleimhaut. Nach einigen Wochen mischte ich dem Futter eine Fertigmischung Mineralien und Spurenelemente bei, denn ich ging davon aus, dass er inzwischen in der Lage wäre, diese Stoffe aufzunehmen. Solche Behandlungen brauchen vor allem Geduld, aber nach einigen Wochen schienen meine Bemühungen Früchte zu tragen, er fraß zwar immer noch seinen Kot, aber er kotete nicht mehr so häufig und nahm jetzt endlich auch spürbar schneller zu, was davon zeugte, dass die Nahrung nun auch wirklich in seinem Organismus ankam.

Der nächste Schritt war, den Kot zum Tabu zu erklären (Maike Maja Nowak beschreibt dieses Vorgehen in ihren Büchern recht anschaulich, auch bei Youtube findet man einige Beispiele). Ein Tabu oder auch Stopp kannte er von anderen Übungen und nach einigen Monaten hatten wir ein großes und ziemlich ekliges Problem weniger.

ÜBERFORDERUNG UND FORTSCHRITTE

Ich war einfach nicht in der Lage, den kleinen Kerl adäquat in das Stadtleben einzugliedern, was vielleicht auch damit zusammenhing, dass ich mich selbst so unwohl in der Stadt fühlte. Mir war nicht bewusst, dass manche Hunde kein normales Leben kennen, denn bei Ella gab es diese Probleme nicht. Oder habe ich sie nur nicht bemerkt?

Wir hatten das riesengroße Glück, dass Finn nicht mit Angstbeißen auf die Überforderung reagierte und Menschen gegenüber keinerlei Aggression zeigte.

Er kannte keine Mülltonne, keine Plastiktüte, keinen Mensch mit Spazierstock und keinen mit Hut, wehende Mäntel und Capes brachten ihn völlig aus dem Konzept und er bellte sich schier heiser. Jeder Lkw oder Bus, der an uns vorbeifuhr, ließ ihn einen Meter zur Seite springen (und bei uns fuhren viele Busse). Er war oft so überfordert, dass er einfach keinen Schritt mehr weiterging, stehenblieb und uns aus traurigen Augen ansah. Mich überforderte sein Verhalten und es machte mich, die ich immer ziemlich schnell und zackig durch das Leben gegangen war, ganz wahnsinnig, wenn er wieder einmal stocksteif stehenblieb und sich keinen Zentimeter von der Stelle bewegte. Entsprechend katastrophal fiel meine Reaktion häufig aus. Ich brüllte ihn an, zog und ruckelte an der Leine, aber er wich nicht einen Millimeter vom Weg ab. Er stemmte alle vier Pfoten in den Boden und rührte sich nicht vom Fleck. Die einzige Möglichkeit der Abhilfe lag in einem gemeinsamen Sit-in auf dem Asphalt, bis er wieder Kapazitäten für neue Eindrücke frei hatte. Ich gab jedes Mal irgendwann genervt auf und wartete, nicht selten den Tränen nah …

Wenn eine Tieradoption aus dem Tierschutz geplant ist, liest man immer wieder die Frage, ob man sich wirklich der Aufgabe bewusst ist, die auf einen zukommen kann. Theoretisch war ich das schon, aber durch die vermeintlich unkomplizierte Erfahrung mit Ella war ich bei Finn auf diese Aufgabe trotzdem nicht vorbereitet. Es gab eine Vorkontrolle der wohnlichen Gegebenheiten von dem vermittelnden Tierschutzverein, es wurde nach Alter und Arbeitszeiten gefragt, nach Einkommen und der Möglichkeit, Tierarztrechnungen zu bezahlen. Alles wichtige und elementare Fragen, die eine Adoption erst möglich machen. Aber die ebenfalls wichtigen Fragen entscheiden sich nicht unbedingt am Kontostand oder dem Alter der zukünftigen Hundehalter. Sie haben mit innerer Ruhe, Gelassenheit, (Lebens-)Erfahrung, Stärke und Bodenhaftung zu tun. Die wichtigen Fragen sind für mich eher: Bist du bereit, dich und dein Leben gemeinsam mit deinem Hund zu ändern? Kannst du dir vorstellen, dich und dein Tun immer wieder infrage zu stellen? Ist es dir möglich, den dir anvertrauten Hund unperfekt sein zu lassen? Kannst du es aushalten, wenn viele Hunde problemlos bei Fuß gehen, Kinder lieben, nie bellen oder etwas vom Boden fressen, deiner aber all diese Dinge mit Vorliebe und wachsender Begeisterung ganz anders handhabt? Bist du fähig, die Individualität deines Tieres anzuerkennen? Bist du bereit und in der Lage, offenen Herzens Grenzen zu setzen und die Grenzen deines Hundes anzuerkennen? Schaffst du es, kompetent und liebevoll zu führen? Kannst du deinen Hund vor gut gemeinten Ratschlägen, übergriffigen Menschen, anderen Hunden und großen Monstern wie Mülltonnen, Fahrrädern und Plastiktüten schützen? Kann dein Hund dir vertrauen? Niemand hat uns diese Fragen gestellt, und wir uns auch nicht. Ich denke, eine ehrliche Beantwortung wäre für jeden sinnvoll, egal ob er plant, einem Hund aus dem Tierschutz oder von einem Züchter ein neues Zuhause zu geben.

Es gab natürlich auch gute Tage und wenn ich mal aus meinem Film herauskam und objektiv auf diesen Hund blickte, zog ich den Hut vor ihm. Sehr langsam taute Finn auf, die Auseinandersetzungen von Ella und ihm wurden weniger, er fuhr souverän und erhobenen Hauptes mit dem Fahrstuhl, hörte, wenn nicht aufs erste, so doch aufs zweite oder dritte Wort, gewöhnte sich ein wenig an die Stadt, ihren Lärm und die Menge an Eindrücken, die auf ihn niederprasselten. Es gab Zeiten, da konnten wir die Straße entlanggehen, ohne dass er die Pfoten spätestens nach fünf Minuten in den Boden rammte und sich weigerte, auch nur einen Schritt weiterzugehen. Er hatte so vieles gelernt und so vieles gemeistert in kurzer Zeit, es war eigentlich phänomenal. In den Momenten, wo ich mir all dessen bewusst war, war ich sehr stolz auf ihn.

Er konnte inzwischen einigermaßen gut an der Leine laufen – was nicht heißt, dass er es immer gut machte -, war zu Hause das sanfte Seelchen, das wir bereits zu Beginn in ihm gesehen hatten. Er vergötterte meine Patienten, denn sie waren ein Garant für eine extra Streicheleinheit, und war ansonsten Junghund, wie er im Buche steht. Er liebte den Park mit seinem unermesslichen Reichtum an Pizzaresten, Grillabfällen, weggeworfenen Keksen und Imbissresten. Er tobte tagsüber mit jedem Hund, der ihm über den Weg lief, abends kringelte er sich auf dem Sofa ein und liebte es, wenn sich jemand zu ihm setzte. Dann legte er einem den Kopf auf den Schoß, schnaufte einmal hingebungsvoll und schlief entspannt und ruhig den ganzen Abend. Meine Fähigkeiten, diesem Hund eine wirkliche Führung zu sein, hielten sich dennoch in Grenzen. So orientierte er sich vor allem an Ella, die souverän und ganz Hund von Welt durch die Stadt und die Grünflächen marschierte und ihm zeigte, was er ihrer Meinung nach unbedingt wissen musste. Ich brauche sicher nicht zu erwähnen, dass ihre und unsere Meinung darüber, was wirklich wichtiges Wissen für einen jungen Hund in einer Großstadt ist, weit auseinander lagen.

Finn liebte Ella. Oft hatten wir das Gefühl, er himmelte sie regelrecht an, sie dagegen behandelte ihn schon manchmal wie eine kleine, lästige Zecke. Wenn er nach 20 Uhr mangels Schoß auf dem Sofa auf die Idee kam, sich an sie zu kuscheln, schnauzte sie ihn gehörig an. Um diese Zeit hatte Madame bereits ihren wohlverdienten Feierabend eingeläutet. Sie wollte, unter einem Berg von Kissen auf dem Sofa versteckt, ihre Ruhe haben und schätzte dabei keinerlei Störung. Finn lernte schnell, ihre Grenzen zu respektieren, schlich sich eher vorsichtig an sie heran und stupste sie zum Test einmal mit der Nase. Knurrte sie, verzog er sich wieder, war sie gnädig, wedelte er freudig mit dem Schwanz und legte sich dazu. Allerdings musste man sagen, je älter und pubertärer er wurde, desto weniger ließ er sich ihre Zickenallüren gefallen und wir mussten immer wieder dafür sorgen, dass jeder zu seinem Recht auf Ruhe kam. Erst als er etwa zweieinhalb Jahre alt war und aus dem gröbsten Teeniealter heraus, herrschte einvernehmliche Ruhe. Finn respektiert bis heute Ellas Rückzug und Ella stänkert nicht mehr an ihm herum. Übrigens nimmt sie sich durchaus das Recht heraus, mit in sein Körbchen zu huschen oder sich anzukuscheln, nur umgekehrt schätzt sie derartige Eigeninitiative von ihm nicht.

Aber zurück zu den Anfängen: Es gelang mir nicht immer, diesen dankbaren und distanzierten Blickwinkel aufrechtzuerhalten, und manchmal erwischte ich mich auch bei dem Gedanken, ob es eigentlich eine richtige Entscheidung gewesen war, diesen wunderbaren und hinreißenden, aber aufgrund seiner Feinheit sehr anstrengenden Hund zu uns zu holen. Er war nicht neugierig wie ein Welpe, wenn er auf die vielen neuen und unbekannten Dinge im Menschenleben stößt, er war schlichtweg überfordert – und ich mit ihm.

Eineinhalb Jahre später fiel mir ein Buch über Deprivationshunde in die Hände (siehe Anhang). Das Wort „Deprivationshund" kannte ich zu dem Zeitpunkt nicht und die Lektüre dieses Buches offenbarte mir endlich die Zusammenhänge vieler seiner Verhaltensweisen.

Unter Deprivation in Bezug auf ein Tier versteht man ein Aufwachsen in reizarmer Umgebung, vor allem zwischen der dritten und zwölften Lebenswoche. Diese Tiere haben in ihrer Prägephase nichts oder nur sehr wenig kennengelernt, dadurch konnten sich im Gehirn nur wenige Verschaltungen bilden. Kommen diese Hunde dann, zum Beispiel durch eine Adoption, in eine komplexere Umwelt, sind sie komplett überfordert und können mit den vielen Eindrücken, die auf sie niederprasseln, ersteinmal nicht umgehen. Manche von ihnen reagieren aggressiv, andere erstarren wie mein Finn, die meisten haben Angst. Man kann diesen Mangel nie ganz beheben, aber durch viel Geduld, Ruhe, regelmäßige Abläufe, ein hohes Maß an Sicherheit, kompetenter und souveräner Führung ist es diesen Tieren irgendwann möglich, ein verhältnismäßig angstfreies Leben zu leben. Aber wie gesagt, das alles wusste ich erst eineinhalb Jahre später …

JEDEN MONAT AUFS NEUE

Wenn er nicht gerade von Eindrücken überschwemmt wurde, war seine Welt eigentlich ganz in Ordnung, wären da nicht die ständig gepackten Kisten auf unserem Flur gewesen. Einmal im Monat fuhren wir für ein bis zwei Wochen in unser Haus im Wendland. Wir liebten die Zeit dort, die Ruhe in der Natur, das morgendliche Vogelgezwitscher, den Mond und den umwerfenden Sternenhimmel in der Nacht. Wenn wir ankamen, sprang Ella aufgeregt aus dem Auto, hüpfte hin und her und rannte erst einmal zu ihrem Hundefreund Harry, um sich und uns anzukündigen. Bei der Gelegenheit zog sie ihre Kreise einmal durch die Siedlung, nach 30 Minuten war sie wieder zu Hause und hatte ihre Aufgabe zufriedenstellend erfüllt. Am nächsten Tag hörten wir häufig: „Wir wissen schon, dass ihr da seid." Auf unseren Gesichtern formte sich ein Fragezeichen. „Ella war gestern bei uns." Aha! Und das Fragezeichen löste sich auf. Während Ella also ihren gesellschaftlichen Verpflichtungen nachkam, räumten wir das Auto aus. Finn inspizierte in der Zeit den Garten. Missmutig und mit vorwurfsvoller Miene bestaunte er das Werk eines Maulwurfs, der sich fleißig und mutig während seiner Abwesenheit in unseren Garten verlustiert und diverse landschaftsplanerische Umbauten vorgenommen hatte. Finn beendete den Spuk, indem er seine Marke auf jeden Hügel setzte, um klarzumachen, dass die Zeit der sturmfreien Bude für das fleißige Tier vorbei war. Danach legte er sich zufrieden auf die Terrasse und schaute uns beim Auspacken zu. Wir hatten immer das Gefühl, dass er sich sehr wohl in unserem kleinen Haus fühlte. Aber das ständige Hin und Her zwischen dem Wendland und Berlin war für einen Hund wie Finn Gift. Nie hatte er Zeit, dort anzukommen, wo er gerade war. Kaum hatte er sich im Wendland eingelebt, fuhren wir wieder nach Berlin, kaum hatte er sich an die Stadt gewöhnt, packten wir die Koffer und fuhren ins Wendland. Rainer sagte einmal, Finn wäre wie ein Hofhund. Er braucht seinen möglichst regelmäßigen Ablauf, eine klar definierte Aufgabe, sein Rudel um sich herum und keine großen Veränderungen. Er hat in Rainer einen echten Leidensgenossen, denn auch Rainer liebt Veränderungen nicht so sehr und mag ein geregeltes, überschaubares Leben. Unser Leben war aber alles andere als überschaubar. Wir pendelten ständig zwischen hektischer Großstadt und idyllischem Landleben hin und her, waren immer auf dem Sprung, irgendetwas wurde immer gepackt und wartete in der Klappkiste vorne im Flur auf das Einpacken ins Auto. Wir kauften ziemlich bald nach Finns Ankunft einen VW-Bus, denn der ganze Kram, den wir jedes Mal ins Wendland schleppten plus zwei Hunde, sprengte definitiv die Aufnahmekapazität unseres kleinen Polo. Als positiver Nebeneffekt verschwand mit dieser Anschaffung auch Finns Übergeberei bei jeder längeren Fahrt. Er ging jetzt anstandslos und ohne längeren Zeitverzug einfach in die eigens gebaute, große und weich ausgepolsterte Box im Auto, legte sich gemeinsam mit Ella hin und schlief den Schlaf der Seligen, bis wir am Ziel ankamen.

AUFSTAND

Finn war ungefähr fünf Monate bei uns, als ein alarmierender Anruf von Rainers Tochter kam. Seine erste Frau war seit einigen Monaten schwer erkrankt. Leider hatte es jetzt erneut einen Befund gegeben, der einen sofortigen Krankenhausaufenthalt unumgänglich machte. Auf die Schnelle fiel uns niemand ein, bei dem wir beide Hunde gemeinsam hätten lassen können, und so packten wir kurzerhand unsere Sachen, nahmen die beiden und fuhren einen Tag später 600 Kilometer durch die Republik. Die zwei waren überaus kooperativ und so verlief die Fahrt mit kleineren Pausen ohne nennenswerte Zwischenfälle. Es war geplant, dass wir alle im früheren Haus von Rainer, in dem jetzt seine erste Frau mit ihrem zweiten Mann wohnte, übernachteten. Die beiden Männer verstanden sich gut, wir waren mitsamt unseren Hunden herzlich willkommen.
Als wir ankamen war die Stimmung wie erwartet niedergeschlagen und traurig. Der Mann seiner ersten Frau war verzweifelt, die jungen, aber bereits erwachsenen Kinder weinten. Wir gingen mit unseren Hunden kurz auf die angrenzenden Felder und danach sollten sich die beiden in eine Ecke setzen und dösen, sodass wir die neuesten Entwicklungen erzählt bekommen konnten. Was für eine Wahnsinnsidee, einen jungen Hund, der Veränderungen hasste und dringend Ruhe und Kontinuität brauchte, ins Auto zu befördern, stundenlang mit nur kurzen Pausen quer durch Deutschland zu fahren, dann 20 Minuten zu laufen und zu erwarten, dass er ruhig in der Ecke sitzt.
Finn probte (zu Recht, wie ich erst später erkannte) den Aufstand. Das erste Mal in unserem gemeinsamen Leben schnappte er nach einer Korrektur. Er tobte herum, rannte

durch das Zimmer, schmiss sich auf den Boden und war nicht mehr zu bändigen. Er bellte und schnappte nach uns. Rainer brachte ihn irgendwann zur Ruhe und er schlief erschöpft ein. Auch am nächsten Tag änderte sich sein Verhalten kaum. Er raste wieder herum, ließ sich nichts sagen und schnappte nach jedem, der ihn in seine Grenzen wies.

Parallel dazu war natürlich auch bei uns Menschen eine sehr angespannte Stimmung. Die neue Diagnose von Rainers geschiedenen Frau war niederschmetternd, ihr Zustand schlecht, die Prognose ebenso. Und immer, wenn Finn etwas nicht passte, schnappte mein bis dahin so sanfter Hund zu. Meine Arme waren von blauen Flecken übersät, Finn war außer Rand und Band und im wahrsten Sinne des Wortes grenzenlos. Ich fühlte mich von den Ereignissen überrollt und war verzweifelt. Die letzten Monate hatten an meinen Nerven gezehrt, die Organisation unseres Berlin-Wendland-Berlin-Hin-und-Hers oblag mir alleine. Das Lesen und Recherchieren über die neuen Herausforderungen, die Finn mitbrachte, standen ebenfalls auf meiner To-do-Liste. Außerdem kratzte und leckte er sich vom ersten Tag an wesentlich mehr, als wir es von Ella gewohnt waren, und ich konnte mir keinen Reim darauf machen. Der Tierarzt hatte keine befriedigende Antwort auf das Problem, Flöhe, Milben und Co. konnten wir ausschließen. Die Erkenntnis, dass Ella zwar hinreißend, aber ohne jede Erziehung war, hatte mich schon vor Monaten eingeholt. Das Infragestellen der Entscheidung für einen zweiten Hund, das Mich-Infragestellen, die Erkenntnis, keine Ahnung von Hunden und ihren Bedürfnissen zu haben, Rainers große Sorge um die Gesundheit seiner ersten Frau und vor allem die Angst um seine Kinder, die zum Glück schon fast erwachsen und bereits ausgezogen, aber dennoch zu jung waren, um ohne

Mama zu sein, all das machte aus meinen Nerven hauchdünne Seidenfädchen. Finn brachte mit seinem Verhalten das Fass zum Überlaufen und ich musste mir eingestehen, einfach nur am Ende zu sein – mit meinen Nerven, mit meinem Latein, und überhaupt.

ZWIEGESPRÄCH

In Berlin habe ich eine gute Freundin mit einer süßen, kleinen Hündin. Wenn eine von uns eine Frage an ihren hündischen Freund hat, bitten wir die andere, in Kontakt mit dem Hund zu gehen. Es fehlte mir deutlich an Distanz in dieser Situation und so bat ich sie am nächsten Morgen um eine Unterredung mit meinem felligen Freund.

Sie rief mich kurze Zeit danach zurück und gab mir eine Zusammenfassung ihres Gespräches mit Finn. Sie erzählte, Finn sei völlig durcheinander, fragte sie, was denn mit seinen Menschen los sei, er verstehe gerade gar nichts mehr. Er wisse nicht, wo er überhaupt sei, warum alle dort so traurig seien und sich so merkwürdig verhielten...

Ich schämte mich und dicke Tränen kullerten über mein Gesicht. Ich hatte schlicht vergessen, meinen Hunden zu erklären, warum wir so weit fahren mussten, die Stimmung so angespannt war und ich sie beide bitten würde, sich möglichst unauffällig zu verhalten. Ich weiß nicht, ob sein Verhalten anders gewesen wäre, denn er war ein junger Hund, der gerade erst versuchte, uns zu vertrauen. Aber es wäre sicher eine Option gewesen – und auf jeden Fall besser, als zu schweigen. Stunden später hatte sich sein Verhalten komplett gewandelt.

Tiere verstehen uns auf diesen Ebenen und da wir sehr unterschiedlichen Spezies angehören, bedarf es manchmal einer Art „Übersetzer" für die Befindlichkeiten des anderen. Das Phänomen war, dass ich jedem anderen Menschen sofort hätte sagen können, dass ein Tier die Energie seiner Menschen spürt. Oft reagieren sie verunsichert, wenn ihm niemand erklärt, was gerade vor sich geht. Und das galt für ein Tier mit einem Energiefeld wie unser Sensibelchens umso mehr. Mir selbst fiel mein Ratschlag leider nicht ein.

Ella war schon lange bei uns. Ihr Energiefeld ist wesentlich stabiler und abgegrenzter und sie macht zwar ihr eigenes Ding, aber sie vertraut uns, versteht vielleicht nicht immer unser menschliches Ansinnen, aber kann damit leben. Außerdem liebt Ella Veränderungen. Reisen findet sie aufregend, ihre einzige Angst im Vorfeld kreist um die Idee, wir könnten ohne sie wegfahren, was sie schon dazu veranlasste, sich kurzerhand in den Koffer zu legen... man weiß ja nie! Sind aber alle Kisten im Auto verstaut, sie friedlich in ihrer Box und geht es endlich los, ist für sie die Welt in Ordnung. Finn ist anders. Durch seine hohe Empathie ist es ihm nicht möglich, sich „aus der Affäre zu ziehen". Außerdem war er jung und erst einige Monate bei uns, und er verstand die Welt nicht mehr. Er hat so reagiert, wie es ihm möglich war: mit einem Aufschrei! Ohne die Hilfe meiner Freundin wäre diese Situation sicher eskaliert.

Diese Vorkommnisse zeigten mir, auf was für wackeligen Beinen unsere Beziehung (noch) stand und wie weit entfernt wir von gegenseitigem Vertrauen waren. Mein Vertrauen in ihn war mit dem zweiten Zuschnapper zutiefst erschüttert. Ich hatte plötzlich Angst vor meinem Seelenhund. Und sein Vertrauen zu mir, das sich sowieso noch auf sehr dünnem Eis bewegte, mit Sicherheit ebenfalls. Wir hatten in den vergangenen Monaten viele schwierige Situationen erlebt, viele Glücksmomente genießen können, Erfolge und Niederlagen gemeistert. Ich war erschöpft und verunsichert, aber wenn ich ihn ansah, ging immer mein Herz auf und ich wusste: *Das* ist mein Hund und wir würden das Leben gemeinsam meistern. In diesen zwei Tagen mit Finn, schwand dieses Wissen und übrig blieb ein Gefühl von

Bodenlosigkeit und Verzweiflung. Noch oft sollte unsere Beziehung auf eine Probe gestellt werden, aber nur noch einmal hatte ich das Gefühl, ihm das Leben, das er brauchte, nicht bieten zu können. Aber bis dahin war noch eine lange Zeit.

Finn besann sich, war gestresst, aber hielt sich tapfer. Rainer und ich besuchten seine erste Frau im Krankenhaus und ihre Botschaft war eindeutig: Sie war noch nicht bereit zu gehen. So fuhren wir in dem Wissen nach Hause, dass wir sie noch einmal sehen würden. Zu Hause kehrte ein wenig Ruhe ein. Wir sollten in den nächsten drei Monaten noch dreimal quer durch Deutschland fahren und hatten Zeit, uns von seiner großen Liebe zu verabschieden. Ich verpasste nie mehr, die Hunde über eine bevorstehende Reise in Kenntnis zu setzen, und es gab nie wieder ein Desaster für Mensch und Hund. Finn hat nie wieder nach einem Menschen geschnappt.

NATURTALENT

Dass mein Hund ein ausgesprochen gutes Gespür für Menschen und ihre Energien besaß, war mir bereits bewusst, als ich ihn kennenlernte. Wie gut er jedoch die Energie der Menschen lesen konnte, stellte er eines Tages auf ganz unspektakuläre Art unter Beweis: Wir hatten vor einigen Jahren eine Ausbildung zum Familienstellen absolviert. Eine wunderbare Methode, sich mögliche Ursachen für schwierige Themen aus dem eigenen Leben ins Bewusstsein zu rücken, sie zu lösen und zu verarbeiten. Nach der Ausbildung trafen wir uns mehrmals im Jahr mit unserer Ausbildungsgruppe zum Familienstellen bei uns in der Praxis. Das diente dem Aufstellen eigener Themen aber auch dem Üben, um das Gelernte weiterhin am Leben zu erhalten. Wir stellten dort Themen von Teilnehmern auf, um Bewusstwerdung der möglichen Hintergründe zu forcieren, Lösungswege für Probleme und Unklarheiten im Leben aufzuzeigen oder um „den nächsten heilsamen Schritt zu gehen", wie unsere Ausbilderin es zu nennen pflegte. Es war eine gute Gelegenheit, eine Aufstellung zu leiten, persönliche Themen mit anderen zu besprechen oder sich einfach nur zu sehen und auszutauschen. Weil diese Treffen sehr persönlich und tiefgreifend waren, nahmen wir keine Fremden in diese Gruppe auf. Dennoch wurden wir eines Tages von einer Teilnehmerin gefragt, ob wir eine Aufstellung für eine Freundin leiten würden, die ein wichtiges Thema für sich klären wollte. Wir besprachen das gemeinsam und kamen zu dem Entschluss, eine Ausnahme von unserer Regel zu machen und eine Aufstellung für diese Frau durchzuführen. Wie verabredet erschien sie zu unserem nächsten Treffen und weil ihre Freundin die Teilnahme aus wichtigen Gründen absagen musste, kannte sie niemanden der Anwesenden. Zu Beginn eines jeden Übungstages machten wir eine Runde, in der jeder erzählen konnte, wie es ihm/ihr momentan im Leben erging. Diese Übungstreffen zeichneten sich durch große Ehrlichkeit, Emotionalität und Interesse an dem Befinden der anderen aus. Finn und Ella lagen gewöhnlich auf ihren Decken mit im Raum und schliefen. Als die Reihe an der fremden Frau war zu erzählen, wie es ihr ging und was sie zu uns führte, stand Finn unvermittelt auf, ging einmal quer durch den Raum, setzte sich direkt neben diese Frau und legte seinen Kopf in ihren Schoß. Er hatte sie nie vorher gesehen und auch bei ihrem Eintreffen kaum beachtet. Die ganze Zeit hatte er an meiner Seite geschlafen. In der Pause berichtete mir die Frau, wie sehr Finn ihr geholfen hätte, sich zu sammeln, ihr Anliegen klar zu formulieren und sich nicht in Tränen aufzulösen. Mein Hund hatte einen richtig guten Job gemacht und ich war sehr beeindruckt, wie klar, direkt und im richtigen Augenblick er auf diese Frau zugegangen war. Und das völlig ohne Therapiehundausbildung! Ella hatte, bevor Finn zu uns kam, eine Ausbildung zum Therapiehund genossen, kam aber in dieser Eigenschaft nie richtig zum Einsatz. Sie schlief den Schlaf der Gerechten in dieser Runde. Finn wurde nun regelmäßig therapeutisch tätig, wenn der erzählende Mensch Unterstützung brauchte. Er war bald zu einem vollwertigen Teilnehmer der Aufstellungstage geworden.

VERGIFTUNG

Es war November, der Herbst hatte unübersehbar Einzug gehalten und wir genossen unsere Zeit im Wendland. Nebelschwaden lagen über den Feldern, die Bäume verbargen ihr letztes Grün hinter einem dunstigen Schleier und die Feldwege waren matschig. Wir liefen die Morgenrunde und alles war normal. Ella rannte kreuz und quer über das Feld, wie sie es am liebsten tat, schnüffelte hier und dort, während Finn mit uns auf dem Weg blieb und an den Gartenzäunen und den Büschen am Feldrand für die Nachbarhunde eine kleine Nachricht hinterließ. Nach der Morgenrunde suchten die beiden ihr im Garten verstecktes Futter, legten sich danach auf ihre Decken vorm Ofen und machten ein Verdauungsnickerchen. Rainer saß im selben Zimmer und arbeitete, während ich in meinem Zimmer an einer Broschüre über einen alten Naturheiler schrieb, einem Auftrag den ich einige Zeit zuvor angenommen hatte.

Je früher es dunkel wird, desto mehr müssen wir uns beeilen, noch bei Tageslicht den großen Spaziergang zu machen. So beschlossen wir gegen 14 Uhr, unsere zirka eineinhalbstündige Runde zu drehen. Sobald wir uns vom Computer weg bewegten, kam Leben in die beiden Hunde, und so stand Finn bereits vor der Tür und freute sich auf einen ausgiebigen Spaziergang im Nieselregen. Ella fehlte. Ich rief sie, aber sie kam nicht. Ich ging zu ihrem Platz vor dem Ofen und sprach sie erneut an, als sie mühevoll den Kopf hob und mich aus trüben Augen anblickte. Ich erstarrte – was war mit Ella? Ich hob sie auf die Beine, sie schwankte und wäre beinahe umgefallen, wenn ich sie nicht festgehalten hätte. Aufgrund der Geschwindigkeit, mit der sie diese Symptome zeigte, vermutete ich eine Vergiftung, obwohl mir schleierhaft war, wo sie sich hätte vergiften können. Sofort riefen wir bei unserem Tierarzt an und saßen auch schon im Auto. Unsere erste Idee – Rainer geht mit Finn und ich fahre mit Ellchen zum Arzt – verwarfen wir gleich wieder. Rainer kannte mich, er musste mich nur ansehen und merkte sofort, dass ich nicht fahrtauglich war. So fuhren wir zusammen zum Arzt, Ella lag wie ein Häufchen Elend in meinem Arm.

Beim Tierarzt angekommen, wurden wir sofort ins Sprechzimmer durchgewunken. Ella hatte einen Puls von unter 50 (normal ist um 100) und eine Körpertemperatur von 35 °C (normal sind 39 °C). Ihre Pupillen waren riesig, das Herz kaum zu hören und der Allgemeinzustand mehr als schlecht. Der Arzt bestätigte meine Diagnose, aber ohne Gift kein Gegengift, und so blieb ihm nichts weiter übrig, als das Herz zu stärken, ihr allgemeine Stärkungsmittel zu verabreichen und uns zu bitten, in drei Stunden wiederzukommen. Wir fuhren nach Hause und dort blinkte bereits der Anrufbeantworter. Unser Tierarzt hatte noch einmal recherchiert. Er vermutete ein bestimmtes Pflanzenschutzmittel als Ursache für ihren katastrophalen Zustand. Der Einsatz dieses Mittels war in der Landwirtschaft seit 2010 verboten, die Vergiftungserscheinungen, die mit diesem Pestizid einhergingen, waren aber denen von Ella sehr ähnlich. Dieses Mittel wirkte auch über die Haut, weshalb er uns empfahl, Ella umgehend zu duschen.

Danach wickelten wir sie in dicke Decken, legten sie vor den Ofen und setzten uns zu ihr. Unsere kleine Hupfdohle so zu sehen, hielten wir kaum aus, ich spürte, wie ihre Lebensenergie immer weniger wurde, und die Tränen kullerten uns beiden über die Wangen. Plötzlich raste Finn durch das Haus, sprang auf das Sofa, bellte laut und hüpfte auf Ella zu. Er spürte, dass etwas ganz und gar nicht stimmte, und wollte, dass Ella jetzt endlich wieder aufstand und alles wieder normal war. Er war richtig außer sich. Ich fing ihn ein und gab ihm Halt, indem ich ihn fest im Arm hielt und beruhigte. Es hatte ein bisschen etwas von der „Festhaltetherapie" der tschechischen Psychologin Irina Prekop. Langsam und leise erklärte ich ihm die Situation und er beruhigte sich wieder. So saß ich mit Finn, Rainer mit Ella im Arm und wir warteten, dass die Medikamente wirkten und Ellas Lebensgeister sich wieder rührten. Leider geschah gar nichts in dieser Art und so fuhren wir drei Stunden später wieder in die Praxis, wo man uns schon erwartete. Der Arzt schlug vor, das Gegenmittel des verbotenen Pflanzenschutzmittels zu spritzen (dieses Mittel wird noch in Floh- und Zeckenhalsbändern genutzt und mancher Welpe hat so ein Ding schon zerlegt, deshalb hatte er das Gegengift vorrätig). Etwas anderes konnte er nicht tun und die Chance lag bei 50 Prozent, dass es half. Ellas Körpertemperatur war auf 33 °C weiter abgesackt, das Herz hatte sich durch das am Nachmittag gespritzte Mittel ein wenig erholt. Rainer hielt die apathische Ella auf dem Arm und wickelte sie zusätzlich in seine Jacke. Der Tierarzt spritze ihr das Gegengift und meinte, *wenn* es wirken würde, täte es das relativ schnell.

Wir warteten und bereits nach wenigen Minuten fing die Maus an, sich ein wenig umzusehen. Sie hob den Kopf und schaute uns an. Wir schöpften Hoffnung und nach und nach kamen ihre Lebensgeister aus dem grauen Nebel der Zwischenwelt wieder zum Vorschein. Sie erhielt zusätzlich noch zwei Infusionen und nachdem wir alle gemeinsam nebst Sprechstundenhilfe und Tierarzt eineinhalb Stunden im Sprechzimmer gewesen waren, konnte sie sich schon wieder für kurze Zeit auf den Beinen halten. Die Körpertemperatur war etwas gestiegen, der Puls und die Herztätigkeit erholten sich zusehends. Mit der Privatnummer des Arztes für einen nächtlichen Notfall ausgerüstet, fuhren wir nach Hause. Ella erholte sich von Minute zu Minute und am nächsten Morgen war sie fast wieder die Alte. Finn war sichtlich erleichtert, als Ellas Lebensgeister wieder durch unser Haus schwirrten. Anfänglich hatte sie einen kleinen Herzfehler davongetragen, aber durch ein dreiviertel Jahr kontinuierlicher Kräutergabe ist auch das inzwischen Vergangenheit. Ihr Herz hört sich völlig gesund an und auch der erste Klappenton weist keinerlei Anomalien auf.

Woher sie die Vergiftung hatte, wissen wir bis heute nicht. Ich rief ein paar Tage später beim Landwirtschaftsamt an. Die einzige Möglichkeit den Einsatz von verbotenen Pestiziden zu beweisen, war die Bodenentnahme und eine Untersuchung im Labor. *Ich* konnte aber keine Bodenprobe einschicken, denn das Feld ist Eigentum des Bauern. Für eine Bodenprobe hätte ich fremdes Eigentum betreten müssen und damit war auch das Resultat der Laboruntersuchung rechtlich anzweifelbar. Den verbotenen Pestizideinsatz zu beweisen wäre also schwierig geworden – und teuer, denn die Laboruntersuchung hätten wir selbst zahlen müssen. Wäre das Amt tätig geworden, hätten wir im Vorfeld Alarm schlagen müssen, der den Bauern im schlimmsten Fall in Misskredit gebracht hätte, auch wenn Ella das Zeug von einem anderen Feld hatte. Wir haben die Rückverfolgung damals unterlassen. Heute ärgere ich mich ein wenig darüber, denn der Einsatz verbotener Pestizide kann kein Kavaliersdelikt sein. Aber damals waren wir vor allem froh, dass die Maus überlebt hatte. Wir verbreiteten die Sache sofort in der Nachbarschaft, sodass alle Hundebesitzer im

Umfeld gewarnt waren, freuten uns an unseren lebendigen Vierbeinern und merkten, dass auch das Landleben seine Tücken hatte.

AUSFLÜGE

Je länger Finn bei uns war, desto mehr verdichtete sich, was ich bereits zu Beginn ahnte: Ella war einfach schlecht erzogen. Fanden alle es süß, wenn sie morgens ihre Runde zu Nachbarhund Harry drehte und immer mal eigene Ausflüge durch die Siedlung unternahm, war das bei einem über 65 Zentimeter großen ungestümen Junghund schon etwas anderes. Wir waren in der Zwickmühle: Sollten wir Ella verbieten, was sie bisher durfte, weil jetzt Finn da war? Oder sollte sie weitermachen wie bisher und er durfte dasselbe nicht? Ella sprang für ihre Ausflüge über den Zaun, sowohl auf dem Hin- als auch auf dem Rückweg.

Nachdem Finn ein paar Monate bei uns war und so langsam an Boden unter den Pfoten gewann, versuchte er das auch mal. Er raste voller Freude durch die Siedlung, sprang in andere Gärten und tobte durch fremde Häuser, deren Türen offen standen. Er drehte eine Runde in der Küche und wenn er etwas zu fressen fand, war das von da ab eines seiner bevorzugten Ausflugsziele. Diesbezüglich hatte er ein phänomenales Gedächtnis. Bis heute bin ich dankbar, dass wir so entspannte und tierliebe Nachbarn hatten. Es gab nur eine Ausnahme (dort war Finn aber nie), aber dazu später mehr.

Wir beschlossen, dass Ella ihren Morgenausflug weiterhin unternehmen durfte, Finn aber mit dem 850 Quadratmeter Garten vorliebnehmen musste. So schnitten wir Ella ein kleines Loch in den Zaun, sodass sie hinein- und hinauskonnte, Finn aber nicht durch passte, und erhöhten wieder einmal den Zaun, um Finn den Sprung unmöglich zu machen. Am nächsten Tag schlüpfte Ella durchs Loch und Finn sprang mit Eleganz und Leichtigkeit über den gerade frisch erhöhten Zaun. Ob er überhaupt bemerkt hatte, dass er höher als vorher war? Draußen traf man sich dann und ab ging die Post – Ella zu Harry, und Finn auf Beutezug!

Aufgrund der Größe des Grundstücks im Wendland war ein neuer, wirklich hoher Zaun eine sehr teure Angelegenheit. Eine Höhe von 1,60 Meter musste er mindestens haben, wenn er unsere Hunde wirksam im Garten halten sollte. Selbst da käme Finn wahrscheinlich noch mit Leichtigkeit darüber. Wieder einmal beschäftigte ich mich mit etwas, von dem ich bis dato keine Ahnung haben musste. Ich surfte durchs Netz und rechnete und überlegte. Ich konnte es wenden und drehen, wie ich wollte, die günstigste Variante hätte bereits viertausend Euro gekostet und wäre alles andere als schön gewesen. Wir fanden, es musste irgendwie anders gehen. Ich besorgte also neuen Maschendraht und erhöhte den Zaun ein weiteres mal, indem ich an den vorhandenen Holzlatten den Maschendraht tackerte und mit Stöcken stabilisierte. Einen Schönheitspreis hatte das Ganze wahrlich nicht verdient, aber es musste auch nicht schön, sondern zweckmäßig sein. Ziemlich wackelig war es an manchen Stellen, aber funktionabel – dachten wir. Unsere Hunde lehrten uns etwas Besseres und bei jeder sich bietenden Gelegenheit waren sie verschwunden. Wir konnten die Haustür nicht mehr offen stehen lassen, weil beide mit wachsender Begeisterung ausbüxten. Und da Finn auch die Haustür öffnen konnte, mussten wir, auch wenn wir nur zum Kompost gingen, den Schlüssel innen abziehen und von außen zuschließen. Höchst unkomfortabel und zudem ausgesprochen nervenzehrend. Grundsätzlich wäre es kein Problem gewesen. Die wenigen Autos bei uns fuhren Schritttempo, beide Hunde kamen immer wieder, beide kannten die Gegend. Weder Mensch noch Hund waren gefährdet. Aber Finn baute wirklich Mist bei seinen Ausflügen. Er sprang nicht nur über unseren Zaun, sondern ignorierte Zäune im Allgemeinen und die unserer Nachbarn im Besonderen. Befand er sich erst einmal auf dem fremden Grundstück, raste er in die Häuser, deren Türen offen standen. Nicht nur einmal wurde uns lachend berichtet, dass eine Familie zu Abend aß, plötzlich ein heller Wirbelwind einmal um den Tisch, durch die Küche und wieder hinaus rannte – nicht wirklich sozial akzeptabel, fand ich. Er sprang auch an fremden Türen hoch und wer außen eine Türklinke hatte, öffnete damit meinem Hund Tür und Tor. Wenigstens wir kamen dann irgendwann auf die Idee, unsere Haustür von innen mit einem Drehknopf statt einer Türklinke auszustatten, damit fiel das ständige Auf- und Zuschließen endlich weg. Nur konnten wir nicht der ganzen Siedlung empfehlen, einen Drehknopf, und zwar von außen, an ihre Tür zu machen…

Das zweite Problem war, dass ich jedesmal wie eine Furie hinter Finn her war – keine Energie, die ihn dazu verleitete, zurück zu mir zu kommen. Hörte er mich also kommen oder rufen, gab er richtig Gas und rannte einfach wie die wilde Wutz durch den nächsten Garten und ich hinterher. Es war schrecklich. Irgendwann gingen wir dann dazu über, dass Rainer ihm hinterherlief und ihn zurückbrachte. Er war ruhiger und nicht so aufgebracht wie ich, und Finn traute sich eher zu Rainer zurück als zu mir. Ich fand das alles völlig unakzeptabel, schrecklich, peinlich und überhaupt, Rainer war da entschieden gelassener.

Aber das Ganze hat auch einen positiven Aspekt, denn wir trugen zum Amüsement der gesamten hinteren Siedlung bei. Ganze Familienfeiern beobachteten uns. Das Prozedere war in etwa wie folgt. Enkelin zur Oma: „Oma, guck mal, da läuft ein kleiner Hund" Oma: „Ja, Süße, das ist Ella, da kommt gleich ein großer Hund hinterher, der heißt Finn, und dann läuft kurze Zeit später das Frauchen hinter beiden her, die heißt Aruna". Kam ich dann mit beiden im Schlepptau wieder zurück, wurden wir beklatscht!

Ella war nicht das Problem, denn sie zog es nur zu Kumpel Harry, seinen Knochen oder seinem Kompost. Alternativ gab es noch die gelben Säcke von den Frauchen zweier Schafspudel aus der Nachbarschaft – auch dort fand man als hungriger Hund immer mal einen Knochen im Garten, kurz vorbeizuschauen schadete also nicht. Ansonsten zog sie ihre Runden und kam wieder nach Hause. Bei Finn war es etwas anderes. Schwierig wurde es, als er zum Beispiel mit Dreckpfoten über ein weißes Sofa lief oder das gesamte Futter eines anderen Hundes auffraß. Oder bei seinen wilden Eskapaden eine Vase umschmiss. Jetzt wurde das alles richtig unangenehm und das waren die Gelegenheiten, bei denen ich mir wünschte, ein großes Loch würde sich auftun und mich einfach verschlucken. Aus Ermangelung dieses Loches legte ich einen kleinen Vorrat an Entschuldigungsgeschenken zu Hause an und regelmäßig schrieb ich in Finns Namen Entschuldigungsbriefe und drückte den geschädigten Hunden beziehungsweise ihren Frauchen ein kleines Goodie in die Hand.

Es gab aber auch wirklich witzige Situationen. Nachts ließen wir unsere Hunde immer noch einmal zu einem letzten Pipigang in den Garten und legten ihnen dafür ein Leuchthalsband an. Ellas leuchtete rot, Finns blau. Im Wendland heißt Nacht auch wirklich dunkel. Außer dem Mond gibt es keine Lichtquelle und wir sehen in Neumondnächten buchstäblich die Hand vor Augen nicht.

Plötzlich rasten unsere Hunde um 23:00 Uhr wie von der Tarantel gestochen zum hinteren Tor, sprangen darüber und verschwanden in der Dunkelheit. Lange Zeit sahen wir gar nichts, doch irgendwann tauchten am anderen Ende des Feldes, direkt am Waldrand, ein rotes und ein blaues Lichtlein auf. Das rote Glühwürmchen rannte vorweg und das blaue hinterher. Rainer stand vor dem Gartentor unserer 100 Meter entfernt lebenden Nachbarin Schmiere, damit Finn nicht um Mitternacht die verlockende Gelegenheit nutzte, zu seiner derzeitigen Lieblingsfutterquelle zu rennen. 15 Minuten später lagen das blaue und das rote Glühwürmchen glücklich, wohlbehalten und zufrieden im Bett und träumten von einer Nachtwanderung – am liebsten ohne ihre Menschen, ist einfach lustiger!

Trotz dem etwas unorthodoxen Verhalten unserer Hunde mochten unsere Nachbarn die beiden. Sie kannten ihre Geschichte, nahmen Anteil sowohl an unseren Höhen und Tiefen als auch an denen unserer Hunde und trösteten uns damit, dass junge Hunde eben häufig ausbüxen. Eine Nachbarin hatte zwei Jahre versucht, ihr Grundstück hundefest zu machen – als es ihr endlich gelungen war, war Abhauen für den kleine Kerl keine Option mehr, sie konnte sogar vergessen, die Gartenpforte zu schließen, er blickte sie nur fragend an, drehte sich um und verschwand wieder im hinteren Gartenteil. Eine andere erzählte, ihr Hund sei sieben Jahre regelmäßig abgehauen, später dann aber nicht mehr - das beruhigte mich zwar nicht besonders, aber alle anderen Hunde erkannten die Vorzüge des eigenen Garten mit zwei bis drei Jahren. Es gab also noch Hoffnung...

SEELENRÜCKHOLUNG UND PUBERTÄT

Finn war jetzt ungefähr ein Jahr alt und mitten in der Pubertät. Das machte das Zusammenleben nicht leichter. Er begann, bei manchen Hundebegegnungen herumzupöbeln. Zu Beginn seiner Zeit bei uns faszinierte uns sein Verhalten anderen Hunden gegenüber. Er kam von der Straße und musste dort, um zu überleben, mit den anderen Hunden gemeinsame Sache machen. Er wusste, wie ein junger Hund sich zu benehmen hat. Er machte respektvoll große Bögen bei der Annäherung an andere Hunde, beschwichtigte schnell und benahm sich wirklich vorbildlich. Das änderte sich mit zunehmendem Alter. Jetzt rannte er schnurgerade auf andere Hunde zu und stoppte erst kurz vorher. Das Höchste der Gefühle war ein klitzekleiner Anstandsbogen. Ella schimpfte mit ihm, wenn er dieses asoziale Verhalten an den Tag legte. Wie eine Furie lief sie bellend neben ihm her und versuchte, ihm den Weg abzuschneiden. Ihre Bemühungen ließ mein pubertärer Jungspund völlig unbeeindruckt, ihre Präsenz reichte nicht aus, den fast doppelt so großen Hund zu stoppen. Im Gegenteil, je mehr sie schimpfte, umso wilder wurde er. Zum Glück trafen wir vor allem in Berlin auf viele souveräne Hunde, einige ließen ihn gnadenlos abblitzen, andere blieben reglos stehen und beschwichtigten. Wieder andere, die ähnlich jung waren, nahmen die Herausforderung an und beide rannten quer durch die Berliner Königsheide oder am Grunewaldsee entlang, wo kein Wild, dafür aber jede Menge weiterer Hunde waren.
Auch Pubertät bei Hunden recherchierte ich im Netz, las mich stundenlang durch Foren und Erfahrungsberichte und Hundeerziehungsseiten, schaute in Büchern und sprach mit Hundehaltern. Einige sagten mir, ein so früh kastrierter

Hund könne gar nicht in die Pubertät kommen, ihm würden die Hormone dazu fehlen. Sein Verhalten lehrte mich allerdings eines Besseren und so suchte ich weiter nach Antworten, wie ich mich im günstigsten Fall verhalten konnte.

Von Anfang an war ich unglücklich über die frühe Kastration und es verging kein Tag, an dem ich nicht Befürchtungen hatte, dass dieser Hund vielleicht gar nicht erwachsen wurde und das er sein einerseits überbordendes, andererseits unsicheres Verhalten für den Rest seines Lebens beibehielt. Um es vorweg zu nehmen: So war es zum Glück nicht. Aber bis ich diese Erkenntnis gewann, mussten viele Monate vergehen, viele Seiten gelesen, viele Meinungen von den vorhandenen „Hundeexperten" in Park und Wald angehört werden.

Ella bekamen wir unkastriert und wir haben den Eingriff nach reiflicher Überlegung mit knapp drei Jahren durchführen lassen. Sie litt während ihrer Läufigkeit und der darauf folgenden Scheinträchtigkeit unter starken Depressionen. Sie lag die ganze Zeit unglücklich in einer Ecke, hatte trotz homöopathischer Mittel stark geschwollene Zitzen, Milcheinschuss und war ein Häufchen Elend. Unsere sonst so lebendige Hündin rührte sich kaum noch. Wir waren nicht überzeugt von der Entscheidung zu einer Kastration, aber diese Prozedur zweimal im Jahr wollten wir ihr (und uns) nicht antun. Bei Finn hatten wir keine Wahl, denn er kam bereits kastriert zu uns.

Nach Monaten der Pubertäts- und Kastrationsrecherche habe ich meinen himmlischen Lehrer zu diesem Problem befragt und die Antwort kam klar und prompt: Auch Tiere haben viele Ebenen ihres Seins und die körperliche ist nur eine davon. Es gibt, wie bei uns Menschen auch, neben der

körperlichen auch die geistige und seelische Ebene, letztere sind von Hormonen unabhängig. Körperlich wird es also ein wenig länger dauern, bis er dem Junghund entsprungen ist, seelisch wächst er aber genauso schnell wie jeder andere Hund, vorausgesetzt, dass ich ihm endlich seine verlorenen Seelenteile zurückbringen würde! Außerdem wäre für Finn die seelische Entwicklung wichtiger als die körperliche, sodass er mit dieser Situation ganz im Frieden wäre – wenn *ich* es schaffen würde, damit in Frieden zu kommen!
Himmel, etwas verdattert saß ich da, das hatte ich ganz vergessen! Ich hatte ihm bereits am Anfang seiner Zeit bei uns eine energetische Behandlung zukommen lassen, in der ich mit ihm auf der Seelenebene gesprochen habe. In dieser Behandlung habe ich „nur" sein Energiefeld etwas in Ordnung gebracht und eine Schutzschicht herum gelegt. Keinesfalls habe ich zu dem Zeitpunkt eine Seelenrückholung gemacht. Es wäre damals zu früh gewesen, zu vieles machte ihm Angst, sodass es für mein Empfinden kein guter Zeitpunkt gewesen wäre. Jetzt war das natürlich völlig anders und es wurde allerhöchste Zeit, diese Behandlung endlich nachzuholen.
Jedem anderen Menschen hätte ich sofort geraten, eine Seelenrückholung für einen Hund mit seinen Erlebnissen zu machen. Bei meinem Hund habe ich es einfach im Eifer des alltäglichen Gefechtes vergessen. Unfassbar!

Aber was ist eine Seelenrückholung? Ich versuche, eine kurze Erklärung zu finden und möchte betonen, dass *ich* das so wahrnehme. Es hat keinen Anspruch auf Absolutheit und erst recht nicht auf einzige Wahrheit:
Wenn einem Lebewesen, egal ob Mensch oder Tier, ein Trauma widerfährt, können sich Teile unserer Seelen-Essenz

vom Ganzen lösen. Der Schmerz – der psychisch, emotional und körperlich sein kann – ist von der Seele nicht mehr auszuhalten und ein Teil der Seelenenergie spaltet sich ab, um sich in Sicherheit zu bringen. Dieser Verlust ist eine Schutz- und Überlebensstrategie und in dem Augenblick richtig und wichtig. Oft kommt diese Energie von alleine zurück, zum Beispiel, wenn die Gefahr vorüber ist oder sich die Situation zum Guten gewendet hat. Manchmal ist das Trauma aber so groß, oder die Angst so überwältigend, dass die abgespaltenen Teile den Weg zurück nicht antreten wollen oder können. Ich habe gelernt zu schauen, ob und wo solche Energieteile vorhanden sind. Meist ist es möglich, sie wieder in das Ganze zurückzuführen. Die Voraussetzung für diese Behandlung ist eine Seele, die bereit ist und sich traut, diesen Schritt zu tun.
Es gibt in meiner Wahrnehmung dabei einen entscheidenden Unterschied zwischen Tieren und Menschen: Während Menschen ein Energiefeld haben, das - als Bild genommen - einem Luftballon gleicht, mit einer Öffnung Richtung Himmel (mitten auf dem Kopf), die wie ein Strahl nach oben führt, nehme ich Tiere eher wie ein Gefäß war, die Öffnung nach oben ist wesentlich größer als bei uns, der individuelle Teil wesentlich kleiner. Ein Tier ist in meiner Wahrnehmung also mehr mit einer Art Gruppenseele und dem All-Eins verbunden als ein Mensch. Ein Mensch ist dadurch auch mehr in seiner Individualität verstrickt. In meiner Wahrnehmung ist unser Zugang zum All-Eins erst einmal kleiner als beim Tier. Viele Menschen streben einen Zustand an, den Tiere von Natur aus haben. Der entscheidenden Unterschied ist, dass wir Menschen in unserer Individualität auch ein Ich-Bewusstsein haben, das viele Tiere zwar besitzen, aber in einer abgeschwächteren Form. Seelenrückholung bei Tieren hilft ihnen, sich nicht so zu

verlieren. Es bringt Teile des eher individuellen Bereiches des Tieres zurück und stärkt so sein irdisches Dasein. Man könnte sagen, der Teil des Gefäßes, der abgegrenzt ist, also der individuelle Teil des Tieres, wird dadurch stabiler.

Gleich am selben Abend setzte ich mich hin, fragte Finn auf der Energieebene, ob er mit dieser Behandlung einverstanden sei (ein wichtiger Schritt im Vorfeld einer solchen Behandlung, egal ob bei Mensch oder Tier), und ging nach seinem OK auf die Suche. Er hatte in seinem jungen Leben mehrere Seelenverluste erlitten. Den ersten Seelenanteil, den ich fand, hatte er bereits beim Einfangen durch den Hundefänger verloren, den zweiten während der Kastration und den dritten irgendwann danach im Zwinger. Auch gab es zusätzlich noch einen sehr kleinen und sehr jungen Anteil, der zusammengekauert an einer Mülltonne saß. Das muss ein sehr früher Anteil gewesen sein, genauere Informationen über die Umstände, die zu diesem Verlust führten, bekam ich aber nicht. Alle Teile waren bereit zurückzukommen und so integrierte ich sie wieder in seine Seelenessenz. Durch diese Rückholung wurde sein Feld um einiges kräftiger und stabiler – aber unabgegrenzt war es nach wie vor. Ich nehme es bis heute als sehr beweglich wahr: Sobald ein Reiz auf sein Energiefeld trifft, egal als Geräusch oder Bewegung, „springt" die Energie dorthin. Das ist natürlich bei jedem Lebewesen so, aber die Intensitäten dieser Energiebewegungen sind sehr unterschiedlich.

Hier noch ein weiterer Erklärungsversuch, um meine Wahrnehmungen verständlich zu machen: Die Energiefelder mancher Wesen reagieren auf den Flug einer Feder, die anderer erst bei einem Steinwurf. Keines von beiden ist besser oder schlechter, es ist einfach, wie es ist. Jeder Mensch „sieht" oder „fühlt" diese Dinge etwas anders. Die Essenz der

Aussage, die hinter diesen Bildern steht, ist aber häufig ähnlich.

Nach der Behandlung zeigte sich ein sichererer Finn, der definitiv stabiler in seinem Leben stand. Das Thema Kastration und mein Hadern damit gehörten nun der Vergangenheit an. Er machte weiterhin eine wilde Zeit durch, stresste die bereits erwachsene Ella, uns und irgendwie auch sich selbst. Aber wir waren auch froh, denn um aufzubegehren, musste er erst einmal angekommen sein, und dass er aufmuckte, hieß doch, dass er sich bei uns angekommen und sicher fühlte, oder nicht? Der Weg hatte länger gedauert als gedacht. Es war Sommer/Herbst 2014, er war inzwischen fast ein Jahr bei uns und erst jetzt hatten wir das Gefühl, dass er sich als Teil des Rudels sah.

RUDELSTELLUNGEN

Auch an uns ging das Thema vererbte Rudelstellung nicht vorbei. Schon bevor Finn zu uns kam, waberte durch Park und Wald die Idee der vererbten Rudelstellung. Es gab eine selbst ernannte Spezialistin, die behauptete, jedes perfekte Rudel (wer ist schon perfekt?) hätte sieben verschiedene Stellungen, die es zu besetzen galt. Jeder Welpe käme bereits mit der genetisch festgelegten Information seiner Stellung im Rudel auf die Welt und jeder Hund hat nach ihrer Vorstellung einen beziehungsweise zwei passende Begleithunde, die ihn unterstützen, schützen und in seiner Natur bestärken. Leben Hunde nun mit einem „falschen" Partner zusammen, ist das Chaos vorprogrammiert. Das Interessante aus wirtschaftlicher Sicht war, dass *ausschließlich* diese Frau „das System" kannte und sich in der Lage sah, die Stellung von Hunden einzuschätzen. Nachtigall, ick hör dir trapsen ... würde der gemeine Berliner sagen.
Es wurde ein riesiges Tamtam gemacht und ich war zwiegespalten. Einerseits faszinierte mich dieses Thema, denn inzwischen beschäftigte ich mich mit kaum etwas anderem als Hunden. Andererseits empfand ich es als Schmalspurdenken. Angeheizt und publik wurde die ganze Sache durch die TV-Serie einer Hundetrainerin aus Berlin. Ich kenne diese Frau persönlich und schätze sie als Mensch und als Hundetrainerin. Nun aber alles, was schief lief bei unseren Hunden, auf die Stellung und die falsche Vergesellschaftung (also den falschen Partnerhund) zurückzuführen, empfand ich als einseitig und auch ein bisschen zu simpel. So funktioniert Natur nach meinem Empfinden nicht. Ich verweigerte mich nach einigen Folgen der TV-Sendung, beschäftigte mich aber weiterhin mit dem

Thema. Das Ganze wurde äußerst kontrovers diskutiert, Fachleute widersprachen vehement diesem Konzept, ein Shitstorm prasselte auf besagte Trainerin nieder.

Man kann jederzeit anderer Meinung sein, aber muss es gleich zu Diffamierungen über das Internet kommen? Neues Denken hatte schon immer Gegner und vielleicht war auch etwas Wahres daran? Die Frage für mich war eher, *wie* dieses Wissen angewendet und umgesetzt wurde.

Relativ schnell begann sich die Hundeszene in Befürworter und Gegner zu spalten. Die Befürworter rannten zu den Seminaren jener selbst ernannten Spezialistin, um die Stellung ihrer Hunde einschätzen zu lassen. Fortan durfte es keinen Kontakt zu unpassenden Hunden geben, denn das schadete dem Hund und endete angeblich nicht selten in Krankheit. Welcher gute Hundemensch wollte diese Verantwortung auf sich laden? Die Hunde wurden also nur noch in passende Vergesellschaftungen geführt oder man ließ sie mangels entsprechender Partner alleine spazieren gehen. Ein eingeschätzter Hund (so nannten es die Rudelstellungsanhänger, wenn die Stellung des Hundes bekannt war) durfte nicht mehr mit einem uneingeschätzten Hund gemeinsam im Auto fahren. Hunde, die jahrelang friedlich zusammenlebten, wurden auseinandergerissen, weil die Stellung eines der beiden angeblich falsch war. Hunde wurden angeschafft, weil der eigene vermeintlich dringend einen passenden Stellungspartner brauchte, es wurden Hunde nach Jahren der Zugehörigkeit in ihren Familien ausgetauscht und woandershin „verliehen", das heißt, sie wurden entsprechend ihrer Stellung vermittelt, um dort „zu arbeiten", wie die Anhänger der Lehre das nannten. Man nannte das dann „in den Urlaub geben". Nur weil das Kind einen harmlosen Namen hatte, täuschte das nicht über das Hanebüchene der Maßnahme hinweg.

Auf der anderen Seite gab es die Gegner dieses Konzeptes. Sie wetterten im Internet, diffamierten und beleidigten einzelne Personen oder auch die ganze Befürworter-Gemeinde, schrieben Online-Petitionen und waren für mein Empfinden in ihren Diskussionen ebenso unsachlich wie die Befürworter. Das Ganze trieb wilde Blüten und ich stand staunend davor, verfolgte sporadisch das Geschehen im Internet und muss sagen: Es war eine sehr interessante Studie der Spezies Mensch.

Als Rainer und ich ein neues Rudelmitglied suchten, stand dieses Thema also bereits im Raum, war aber bei Weitem noch nicht so verbreitet. Sollten wir Ella einschätzen lassen und dann nach einem passenden Gefährten Ausschau halten? Etwas in mir weigerte sich. Ich war davon überzeugt, dass ein Wesen nicht zufällig in eine Familie kommt. Mensch und Tier hatten einander etwas zu geben und voneinander zu lernen, wir alle hatten Aufgaben miteinander und Geschenke füreinander – ob das dann auch gelebt wurde, stand auf einem anderen Blatt. Es gab auch hier für mein Gefühl viele Ebenen, die munter mitmischten, wer in einer Familie Einzug hielt und wer nicht. Unser neuer Hund würde also sowohl für Rainer als auch für mich und Ella ein wichtiger Partner auf vielen Ebenen sein, und umgekehrt genauso. Nach langen Diskussionen entschieden wir uns gegen eine Einschätzung von Ella und Finn zog einige Zeit später bei uns ein. Dennoch haben solche Informationen für mich etwas Klettenhaftes. Sie hängen sich nach hinten in mein Hirn, kommen aber immer wieder hervorgekrochen und ich kann sie nicht abschalten. Hatten Ella und Finn einmal Stress miteinander dachte ich: Bestimmt die falsche Stellung. Kratzte Finn sich noch mehr als sonst, hatte er bestimmt Stress, weil er in der falschen Stellung lebte.

Für die Befürworter dieser These ist die Welt ziemlich einfach. Gründe für die Defizite im hündischen Verhalten waren in der Regel nicht bei dem Menschen zu suchen, der Hund konnte meist auch nichts dafür, er war in falscher Gesellschaft oder wurde nicht seiner Stellung entsprechend gehalten. Fakten wie Geschlecht, Herkunft, Rasse, Prägephase oder Haltung wurden in der Rudelstellungsszene kurzerhand ausgeblendet – von der „gemeinsamen Aufgabe" von Mensch und Hund (die meine persönliche Überzeugung und keinesfalls wissenschaftlich belegt ist) ganz zu schweigen.

Interessant war auch das Forum der Rudelsteller im Internet. Es gab einen internen Bereich, wo nur Nutzer zugelassen wurden, deren Hunde bereits eingeschätzt waren. Und es gab einen öffentlichen Bereich, wo jeder schauen, sich anmelden und mitmischen konnte. Wurde ein Thread kontrovers, wechselte er gewöhnlich schnell in den internen Bereich und war somit nur noch einem auserwählten Kreis zugänglich. Aber schon der öffentliche Bereich war erstaunlich. Da wurden die meisten Hunde nicht mit Namen, sondern mit der Stellung bezeichnet, was für mein Empfinden unseren Hunden den ureigenen, individuellen Wesensteil abspricht (quasi den Bauch der Vase) und auf einen N2, VLH oder N3, wie die Stellungen bezeichnet wurden, reduziert. Es hieß als nicht „Hasso tobte durch den Garten", sondern „mein V3 tobte durch den Garten". Das fand ich schon skurril. Aber damit nicht genug, man wurde beschimpft, wenn kritischere Fragen aufgeworfen wurden, und gebauchpinselt, wenn man sich endlich hatte bekehren lassen und zur Hundeeinschätzung angemeldet hatte. Eine Freundin von mir - damals glühende Anhängerin der Rudelstellung - forderte, dass ich mir ein eigenes Bild vor Ort machen solle, bevor ich so vehement dagegen sei. Genau genommen hatte sie recht. Live und in Farbe hatte ich die Frau und ihre Lehren bis dato noch nicht erlebt. Vielleicht konnte ich mir wirklich kein Urteil erlauben und es war doch etwas daran. Dass Hunde in einem Rudel verschiedene Stellungen und Aufgaben innehaben, war für mich selbstverständlich und nicht mal in der Hundeszene ein strittiges Thema. Ob es sich genau um diese sieben handelte, ob sie tatsächlich angeboren und nicht erworben waren und ob sie einen so hohen Stellenwert hatten, wagte ich zu bezweifeln. Vor allem der Umgang mit diesen Erkenntnissen innerhalb der Anhängerschar missfiel mir zutiefst. Den Erzählungen meiner Freundin zufolge war die Wandlung der Hunde mit der passenden Vergesellschaftung jedoch sofort zu erkennen und phänomenal.

Nach einigen Diskussionen am Küchentisch meldeten Rainer und ich uns mit beiden Hunden an. Nebenbei gesagt, hatte sich der Preis – oh Wunder - zwischenzeitlich verdoppelt!

Es war Herbst 2014, Finn war fast ein Jahr bei uns und hatte sich inzwischen gut integriert. Ella war seit gut zweieinhalb Jahren bei uns und fand Finn inzwischen ganz okay, auch wenn es sie zwischendurch anstrengte, dass er immer noch zeitweise etwas grobmotorisch durch die Gegend stapfte.

Es näherte sich der große Tag, der Aufschluss über die Befindlichkeiten unserer Hunde geben sollte.

WER SIND UNSERE HUNDE?

Frühmorgens packten wir beide Hunde ins Auto und machten uns auf Richtung Leipzig. Rainer fuhr den Wagen und so hatte ich Zeit, meinen Gedanken nachzuhängen. Mir war ein wenig flau im Magen, wer wusste schon, was dieser Tag bringen würde? Was wäre, wenn die beiden angeblich wirklich nicht zusammenpassten? Wären wir in der Lage, die „Erkenntnisse" auszublenden und so weiterzumachen wie bisher? Würde sich nicht der erhaltene Ratschlag seinen Weg durch unser Gehirn bahnen, an dessen Ende wir tatsächlich überlegen würden, einem der beiden eine andere, vielleicht passendere Familie zu suchen? Wie würden die Hunde reagieren, wenn sie so ungewohnt lange im Auto bleiben mussten? Und wie authentisch war das Ergebnis, wenn die beiden nach stundenlangem Autoaufenthalt froh, etwas Bewegung und Frischluft um die Nase zu haben, freudig durch die Gegend hüpften?

Ich blickte nachdenklich aus dem Fenster und sah in dem morgendlichen Licht des Tages den ersten und bisher einzigen Wolf in meinem Leben! Auf einem Feld zwischen zwei Waldstücken trabte er in aller Seelenruhe seines Weges. Riesig, erhaben und stolz. Ein Bild, das ich nie vergessen werde. Der Hund stammt vom Wolf ab. Viele Ähnlichkeiten hat er in den Jahrtausenden seiner Anpassung an den Menschen verloren, dennoch ist diese Tatsache unstrittig. Führende Wolfsforscher bestritten die vererbten Rudelstellungen vehement. Sie propagierten stattdessen eine Stellung des Hundes in einem Rudel, die er sich erwirbt, je nachdem, welche mitgebrachten und erlernten Fähigkeiten er hat. Viele Mythen ranken sich um den Wolf und auf einer anderen Ebene erscheint er häufig als Krafttier und

Begleittier für Menschen, die auf schamanische Reisen gehen. Vielleicht sah ich dieses großartige Tier nicht zufällig. Aber Zufall oder nicht, ich fühlte mich sehr beschenkt durch diese Begegnung und noch heute habe ich das Bild dieses wunderbaren Tieres vor meinem inneren Auge.

Es war ein warmer Tag. Die herbstliche Kühle und der Dunst des frühen Morgens wichen einer spätsommerlichen Sonne, die hoch am Himmel stand. In Leipzig angekommen, zweifelte ich bereits nach drei Minuten das erste Mal an unserer Entscheidung: Wir durften als „Uneingeschätzte" unseren Wagen nicht neben jemanden „Eingeschätzten" parken und wurden brüsk des Schattenplatzes verwiesen, auf den wir gewagt hatten, den Wagen abzustellen. Die Begründung, die uns Dummerchen zugeraunt wurde: Hunde spürten, wenn im Nachbarauto eine falsche Stellung säße, und das schade dem Hund und brächte ihn durcheinander. Aha! Wir wurden also auf den Sonnenparkplatz für Uneingeschätzte verbannt, wo wir den Wagen ganz nah an eine Hauswand quetschten. So hatten wir noch eine Mini-Schattenausbeute, die zum Glück im Laufe des Tages größer wurde.

Wir stiegen aus und sahen, dass an jeder Windschutzscheibe der „Stellungsprofis" ein großer, deutlich lesbarer, laminierter Zettel mit der Stellung des im Auto sitzenden Hundes angebracht war. Praktischerweise hatte jede Stellung eine eigene Farbe – sicher damit sich keiner herausreden konnte, er hätte seine Brille nicht dabei. Nur passende Stellungen durften nebeneinander parken. Wohlgemerkt, es war voll, wir waren erwachsene, und im besten Fall sogar selbstständig denkende Menschen und dennoch sprach niemand laut aus, was viele Neuzugänge dachten: Was für ein Blödsinn! Auch wir hielten brav unseren Mund, reihten uns unter den anderen Sprachlosen ein und spielten das Spiel mit – eine Tatsache, die mir heute noch die Schamesröte ins Gesicht treibt.

Ich redete mir zu meiner eigenen Beruhigung ein: Es war in erster Linie Neugier, die mich hierher trieb. Wir wollten uns die Dame einfach mal live anschauen und dabei gleichzeitig, quasi on top, erfahren, welche Stellung unsere Hunde – angeblich – hatten. So dachten wir uns das Theater eine ganze Zeit schön – erste Zweifel, ob wir wirklich so cool mit dem Ergebnis umgehen würden, waren mir ja bereits auf der Hinfahrt gekommen, aber meine Verdrängungsmechanismen funktionierten bisher wunderbar.

Als alle ein Schildchen mit ihrem Namen hatten und auf der Liste abgehakt worden waren, ging es, nach einer kurzen theoretischen Einführung durch eine Mitarbeiterin, endlich los. Ich erlebte die „Spezialistin" vom ersten Moment an als wenig empathisch, dafür aber höchst unnahbar. Das mochte meiner Voreingenommenheit geschuldet sein, das konnte ich nicht abstreiten. Sie saß, oder besser thronte, unter einem Sonnenschirm vor einem relativ großen, eingezäunten Gelände, hielt den Stab des Schirms wie ein Zepter in der Hand und sah aus, als hielte sie Hof. Ihre Anhängerschar drängte sich um sie und umschwirrte sie wie die Motten das Licht. Andere verteilten sich in Hörweite um das Gelände. Alle Hunde warteten die ganze Zeit im Auto – mit etwas Pech dauerte es Stunden, bis sie an der Reihe waren. Die Halter machten immer mal eine kurze Pipipause mit ihnen, aber auch das war wahrlich nicht einfach. Unter allen Umständen musste vermieden werden, dass sich die falschen Stellungen auf dem Gassigang begegneten. Alle „uneingeschätzten" Hunde und ihre Halter waren damit sehr entspannt (sie wussten ja noch nicht, *was* sie ihren Hunden damit antaten!), die Eingeschätzten dagegen waren hochgradig unentspannt. So wurden wir bereits zum zweiten Mal recht unsanft angeraunzt, weil wir mit unseren Hunden *einfach so!* des Weges gingen. Aber so viele Eingeschätzte waren nicht unterwegs, sie hatten den Autoaufenthalt ihrer Hunde bereits mit Schattenplanen über Wagendächer und Fenster professionalisiert und außerdem wollte man den Worten der Prophetin lauschen und möglichst nichts verpassen. Man musste eben Prioritäten setzen...

Wir hatten Glück und kamen gleich zu Beginn an die Reihe. Zuerst sollten wir Ella holen. Sie wurde in jenen eingezäunten Bereich gebracht und Sinn der Übung war zu schauen, wie sie sich auf diesem ihr unbekannten Gelände verhielt. Dieses Verhalten ließ die Grande Dame dann auf eine bestimmte Stellung schließen. Jeder Blick nach links oder Schritt nach rechts wurde von der Dame kommentiert. Nach bereits zwei Minuten wurde ein anderer, angeblich passender Hund dazugeführt und wieder beobachtete man das gezeigte Verhalten. Nach weiteren drei Minuten stand fest: Nachrangleithund Schläfer. Nun gut, jetzt wussten wir es. Ein Schläfer ist übrigens ein Hund, der sich seiner Stellung nicht mehr bewusst ist – das passiert zum Beispiel, wenn er in falscher Vergesellschaftung lebt. Naja, zu diesem Entschluss in der Geschwindigkeit zu kommen - Hut ab. Bereits in der Einführung wurde uns vorsorglich erklärt, je schneller eine Einschätzung ging, desto eindeutiger wäre der Fall. Aha.
Danach kam Finn an die Reihe. Gleiches Prozedere, ein zweiter Hund kam dazu, Ergebnis nach einigen wenigen Minuten: Vorderer Leithund. Fazit: Katastrophe! Der Ratschlag: Bereits auf der Rückfahrt sollten wir dringend

schauen, dass wir die Hunde weit voneinander entfernt setzten, und Zuhause dann schleunigst zusehen, dass wir einen von beiden weggeben und einen passenden für den glücklichen Übriggebliebenen fänden. Alles andere wäre Tierquälerei und durch nichts zu entschuldigen. So, jetzt hatten wir es quasi schriftlich. Ach, und dass Finn sich von Anfang an kratzte, war gar kein Wunder, er hatte gleich gespürt, welche Katastrophe auf ihn zukam – war doch klar, Dummerchen!

Mir wurde genau gesagt, wie sich beide zueinander zu Hause verhielten, und mein Einwand, dass davon nichts zuträfe und das Miteinander völlig anders war als orakelt, wurde mit einer flotten Handbewegung weggewischt. Laut dem Konzept der Dame ist das Verstehen zweier Hunde mit einer ähnlichen oder derselben Stellung nur eine Deeskalationsmethode, um Schlimmeres zu verhindern. Das mache die Hunde krank und Zeichen wie Kratzen und Lecken seien schon die ersten Vorboten für eine sich anbahnende schlimmere Erkrankung. Dass unsere Hunde sich durchaus stritten, Ella Finn sehr klar reglementierte, wenn er überschnappte, all das war egal, sie bleibe bei dieser Einschätzung und sei sich ihrer Sache ganz sicher. Irrtümer sind in diesem System offensichtlich nicht vorgesehen. Na dann...

Es wurden auch nicht beide Hunde zusammen auf das Gelände gelassen, um einmal zu schauen, wie die Kommunikation untereinander war. Es war eine Farce und das Ganze bestätigte, nein *übertraf* meine schlimmsten Befürchtungen. Jetzt konnte man natürlich sagen (und das war auch das Argument meiner Befürworterfreundin): Ich hätte nichts anderes erwartet, die Dame spürte meine Skepsis und sie bediente sozusagen nur meine Gedankenenergie.

Vielleicht stimmte der Einwand, abstreiten konnte ich meine nur noch größer gewordene Antipathie nicht – vielleicht stimmte es aber auch nicht und es wurden dort einfach über Jahre gewachsene Verbände und Rudel mit einem kurzen Satz zerstört. Übrig blieben verstörte Hundehalter, verstörte Hunde und jede Menge Leid durch Tausch, Beurlaubung und Abgabe. Wir blieben noch eine Weile dort und sahen uns, neben vielen Neueinschätzungen, auch ein den Stellungen nach fast perfektes Rudel einer Teilnehmerin an. Himmel, zu Hause hätte ich dieses Chaos nicht haben mögen. Zwei aus dem Rudel waren sich so spinnefeind, dass ihre Halter zu Hause zwei komplett getrennte Bereiche eingerichtet hatten, damit sich die beiden großen Hunde nicht zerfleischten. Schuld daran war angeblich ein fehlendes Bindeglied im Rudel und laut der beiden Halter wollten nun beide Hunde diese Leerstelle besetzen und kamen sich dabei, im wahrsten Sinne des Wortes, bis aufs Blut in die Quere. Wie dem auch sei, hier hätte man für mein Gefühl tatsächlich über eine Trennung zum Wohle der Hunde nachdenken können. Einfacher wäre wahrscheinlich der Gang zu einem guten Hundetrainer gewesen. Vielleicht hätte er eine eklatante Mitarbeit der Menschen eingefordert – wie unbequem! Besser war es doch, alles mit den Stellungen zu begründen, das ermöglichte wenigstens, sich als Mensch darauf auszuruhen.
Die großen, sofort sichtbaren phänomenalen Veränderungen im Verhalten der Hunde, die zu sehen mir prophezeit wurden, blieben aus – oder ich hatte sie nicht erkannt. Auch der angekündigte Lauf eines perfekten Rudels mit den eigenen Hunden fand nicht statt, sodass wir irgendwann vor Ende der Veranstaltung die Segel strichen und diesen bemerkenswerten Ort verließen. Wohlgemerkt trennten wir die Hunde im Auto nicht!

RESÜMÉE

Da waren wir nun, zurück auf der Autobahn, mit unserem Katastrophenrudel im Auto, bei dem wir laut der "Spezialistin" für jeden Tag froh sein konnten, an dem sie sich nicht an die Gurgel gingen oder Ströme von Blut flossen. Wir unterhielten uns noch eine Weile über die gemachten Erfahrungen, irgendwann versiegte das Gespräch und jeder hing seinen Gedanken nach. Die Abendsonne stand tief am Himmel, die hereinbrechende Nacht warf ihre Schatten voraus, einen Wolf sah ich nicht...
Um es gleich vorweg zu sagen: Es war leider nicht so, dass die Erkenntnisse dieses Stellungstages spurlos an uns vorübergingen. Es war erstaunlich: Da beschäftigte ich mich lange im Vorfeld mit einer Sache, hatte ärgste Bedenken, befürchtete sogar, eben nicht die gelassene und entspannte Hundehalterin zu sein, die solche Ausflüge mal eben unternahm, ohne dass sie Spuren hinterließen, redete mir selbst gut zu und redete mir selbst ein, dass es nur pure Neugier war und mir das Ergebnis eigentlich völlig egal wäre. Wir Menschen – und ich mittendrin - sind schon eine bemerkenswerte Spezies. Hunden würde das nicht passieren. Wir beobachteten die Hunde viel mehr als sonst. Das wäre grundsätzlich als positiv zu bewerten, hätten wir nicht jede Kleinigkeit auf die vermeintlich schwierige Konstellation unter unseren Hunden bezogen. Es gab auch keine Lösung des Problems, wir hätten niemals einen der Hunde weggegeben. Was sollten wir also tun? Die Idee, jeweils einen passenden Kumpel mit dazu zunehmen, was dann vier statt zwei Hunde in unserem Haushalt bedeutet hätte, ging nach der Information einer Rudelstellungsanhängerin auch nicht. Wir hätten dann zwar jeweils zwei passende Hunde, alle

vier zusammen wären aber trotzdem ein Desaster. Es blieb nur, mit diesen unpassenden Hunden weiter zusammenzubleiben und damit zu leben, vielleicht als Tierquäler in die Annalen einzugehen, sollte dieses Konzept irgendwann von führenden Hundemenschen anerkannt werden. Oder wir nahmen weitere fünf passende Hunde auf, denn zwischen dem Vorderen Leithund und dem Nachrangleithund lagen dummerweise fünf Stellungen, die es zu besetzen galt. Hm, das war jetzt nicht wirklich eine Option. Sieben Hunde! Undenkbar. Wir pendelten immer noch zwischen Berlin und dem Wendland hin und her, ich hatte eine meist gut laufende Praxis, schrieb Bücher und unterrichtete, Rainer war für seine Tätigkeit oft quer durch Deutschland, Österreich und die Schweiz unterwegs. Wir hatten mit unseren zwei Hunden wahrlich genug zu tun, fünf weitere waren absolut inakzeptabel - ganz abgesehen von dem Freudenschrei unseres Vermieters, hätten wir ihm diese Idee unterbreitet.

Immer wieder musste ich mich innerlich zur Räson rufen. Rainer konnte das Erlebte besser wegstecken. Er schaute auf die Hunde und versuchte mich jedes Mal zu beruhigen, wenn ich wieder einmal davon anfing, was wir denn nur tun sollten und ob wir es verantworten könnten, einfach nichts zu tun. Er war herrlich pragmatisch und verwies einfach auf die Tatsachen, die wir jeden Tag sahen: Unsere Hunde verstanden sich gut. Sie hingen wahrlich nicht ständig zusammen, die Deeskalationstheorie konnten wir definitiv ausschließen. Manchmal kam es vor, dass sie sich gemeinsam auf das Sofa kuschelten oder beide auf dem Rücken nebeneinander selig schliefen. Das war mit diesen Stellungen nach dem Konzept eigentlich nicht möglich, weil die Hunde immer auf der Hut vor dem anderen wären und sich nie so ungeschützt hingegeben hätten. Es kam zwischen den beiden nur noch selten zu Rangeleien, die wir sofort unterbanden. Keiner von beiden machte einen unglücklichen, verschreckten oder ängstlichen Eindruck. Sie fraßen nebeneinander, die Eifersucht beschränkte sich, wenn überhaupt vorhanden, auf eine drängelnde Nase zwischen Menschenhand und Hundefell (wobei sie sich da beide nichts nahmen), sie bissen sich nie, korrigierten sich ab und zu, die Hunde hatten keine Probleme. So ist es bis heute geblieben. Nur Finn kratzte sich immer mehr.

Abschließend zu dem Thema denke ich: Ganz sicher, und auch unbestritten, gibt es verschiedene Stellungen in einem Rudel. Und vielleicht sind es sogar sieben, vielleicht ist es auch eine andere Anzahl. Ich denke, es ist gut zu wissen, welche Persönlichkeit ich da in hündischer Gestalt vor mir habe, wenn ich mit meinem Hund ein harmonisches Leben führen möchte. Führen muss ich grundsätzlich jeden Hund, denn er lebt in der Welt der Menschen und braucht unsere Unterstützung, auch wenn er in seiner eigenen Welt ein unangefochtener Anführer wäre. Mit einem Anführer kann ich partnerschaftlicher kooperieren, erkenne damit seine Kompetenzen an und lasse ihm seine eigene Größe. Viele Hunde sind froh, wenn wir die anstehenden Entscheidungen für sie treffen, sie müssen nur für den Hund klar und deutlich kommuniziert werden.
Ich bin im Nachhinein durchaus zufrieden damit, die (angebliche) Stellung meiner Hunde zu kennen, denn einige Verhaltensweisen von ihnen werden für mich dadurch durchschaubarer. Aber das, was bei den Befürwortern der Rudelstellung daraus folgt, nämlich Trennung, Tausch et cetera, halte ich für unangemessen, unverantwortlich und den

Hunden nicht gerecht werdend. Wie bei uns Menschen ist es auch bei den Hunden. Nicht immer leben wir unsere Berufung, nur wenigen ist es vergönnt beziehungsweise nur wenige trauen sich, genau den eigenen Anlagen entsprechend ihr Leben zu gestalten. Nicht immer verstehen wir uns mit jedem unserer Familienmitglieder, mal fühlen wir uns mehr zu dem einen, mal zu dem anderen hingezogen. Nicht alle Geschwister passen zueinander wie die Faust aufs Auge. So sehe ich das auch mit unseren Hunden: Wir sind nicht zufällig zusammen, wir haben Aufgaben und Geschenke füreinander, und da nehmen sich die Hunde nicht aus. Habe ich also einen eher draufgängerischen oder eher zurückhaltenden Hund, einen mit Führungsqualitäten oder eher einen, der froh ist, wenn ich diesen Part übernehme – mein Verhalten sollte sich dem Hund mit seinen jeweiligen Eigenschaften anpassen.

Das ist für mich und Rainer eine schwere Übung, die wir täglich versuchen zu absolvieren und die, je nach Tagesform, mal besser und mal schlechter gelingt.

KRATZATTACKEN

Finns Kratzen, Lecken und Knabbern war von seiner Tgaesform abhängig. Mal hielt es sich in erträglichen Maßen, mal war es unerträglich für uns alle. In der schlimmsten Zeit vergingen kaum fünf Minuten, in denen er sich nicht kratzte oder leckte. Er kam auch nachts nie zur Ruhe, war tierärztlich durchgecheckt und völlig gesund. Es gab auch zwischen Berlin und dem Wendland keine erkennbaren Unterschiede in seinem Verhalten. Ich versuchte wieder einmal durch stundenlange Recherche im Internet, dem Phänomen auf den Grund zu kommen.

Es gab jede Menge Erfahrungsberichte in den einschlägigen Hundforen und die Gründe für ein solches Verhalten waren vielfältig. Oft lag die Ursache in einer Allergie: Nahrungsmittel, Gras oder bestimmte Zusatzstoffe im Futter. Häufig waren auch Milben, Flöhe und anderes Kleinvieh, das unseren Tieren den letzten Nerv raubte, die Übeltäter. Dazu kamen noch mögliche psychische Aspekte wie Langeweile, Unglück oder Überforderung in Betracht. Ich begann, noch intensiver darauf zu achten, *was* Finn aß, *wie* er sich verhielt, wie es ihm gerade ging und *wann* er sich vermehrt kratzte. Bei vielen Betroffenen änderte sich das Verhalten schlagartig durch eine Ernährung mit Frischfleisch – aber wir fütterten Frischfleisch mit püriertem, frischem Gemüse, an Zusätzen wie Konservierungsstoffen und Co. konnte es also nicht liegen.

Ich beschäftigte mich intensiv mit seiner Ernährung. Hatte er nicht gestern Pansen bekommen und heute war es wieder schlimmer? Von Stund an gab es keinen Pansen mehr und die folgenden zwei Tage schienen meiner Vermutung recht zu geben – am dritten Tag kratzte er sich auch ohne Pansen.

Gestern gab es Apfel, vielleicht hatte es damit zu tun? Also Apfel weglassen – nein, kein Effekt. Innereien, ziemlich belastet, Leber und Niere sind Entgiftungsorgane, vielleicht die weglassen... Es wurde zwei Tage besser – und dann war die Linderung wieder vorbei. So vergingen mehrere Monate und ich empfand diese Zeit als sehr anstrengend. Mein Leben bestand vor allem aus Kratz-Überlegungen und Finn-Beobachtungen. Das Kratzen ging mir furchtbar auf die Nerven, im Wendland wackelte das ganze Haus, die Nächte waren eine Katastrophe und je mehr ich darauf achtete, umso schlimmer wurde es. Ich begann, ihn täglich mit etwas Lavendelöl einzureiben. Das genoss er sichtlich und es stellte sich auch endlich eine kleine Besserung ein, die eine Zeitlang anhielt. Heute weiß ich warum. Damals dachte ich, es wäre die günstige Wirkung von Lavendel auf die Haut, denn Lavendelöl wird auch bei Menschen mit juckender Haut eingesetzt. Selbstverständlich bekam Finn Pflanzen zur Unterstützung. Ist die Leber gestresst, juckt die Haut. Ich schlussfolgerte, dass seine Leber, warum auch immer, überfordert war, und noch einmal (ich hatte bereits zu Beginn leberunterstützende Pflanzen gewählt) Unterstützung brauchte. Er bekam also Leberpflanzen, pulverisiert und in kleinsten Dosen über sein Futter gestreut. Mariendistel, Löwenzahn, Stiefmütterchen und Süßholz, das auch als pflanzliches Kortison eingesetzt wird und den Juckreiz lindern sollte. Ansonsten beobachtete ich ihn mit Adleraugen und recherchierte und recherchierte, sprach mit etlichen Hundebesitzern und machte mir wieder einmal jede Menge Sorgen, statt einfach die Zeit mit ihm zu genießen.
Ein neuer Tierarzt gab ihm prophylaktisch ein Mittel gegen Milben und riet ebenfalls von einem Allergietest ab: Sehr teuer, sehr ungenau, meist nicht wirklich von Nutzen. Was

erschwerend hinzukam: Wir konnten nicht mehr annähernd durchschlafen. Finn kratzte und leckte so inbrünstig und laut, dass an Weiterschlafen überhaupt nicht zu denken war, bevor er nicht aufhörte. Die Überlegung, ihn aus dem Schlafzimmer zu verbannen, hätte uns vielleicht einen friedlicheren Schlaf beschert, ihn aber so verunsichert, dass es der Sache sicher nicht dienlich gewesen wäre – also auch keine gute Idee. Er kratzte immer mehr, ich wurde immer nervöser und schrie ihn zwischendurch auch an, er solle jetzt endlich aufhören, er würde mich wahnsinnig machen. Er guckte mich mit seinen sanften Augen an, verstand kein Wort, spürte aber natürlich die Energie dahinter und vor lauter Schreck hörte er tatsächlich für einige Zeit auf. Ich achtete akribisch darauf, dass er sich nicht aufkratzte oder -leckte. Abends saß ich lange Zeit neben ihm und hielt meine Hand zwischen seine Zunge und die gerade bevorzugte Leckstelle. Ich war kurz vorm verzweifeln und mein sowieso schon dünnes Nervenkostüm drohte zu zerreißen. Rainer war auch hier wesentlich entspannter damit, allerdings erschöpfte sich seine Beschäftigung mit dem Thema im Zuhören, wenn ich ihm die Resultate meiner Recherchen mitteilte.

Irgendwann verließ ich mich nicht mehr auf andere Erfahrungen, sondern schaltete meine eigenen Synapsen zusammen. Unsere Hunde bekamen von Anfang an Frischfleisch. Die Haltungsbedingungen der Tiere in der konventionellen „Fleischerzeugung" sind hinlänglich bekannt, die Tiere haben ein schreckliches, qualvolles Leben das mit einem, im schlimmsten Fall stundenlangen, Transport zum Schlachthof irgendwann ein grausames Ende findet. Abgesehen von jeder Menge Antibiotika und Genfutter, mit denen die Tiere gemästet werden, bekommen die Konsumenten dieses Fleisches auch die gequälten Energien ab. Angst, Schmerzen, Ausweglosigkeit, die sich in den Augen und in jeder Zelle dieser armen Geschöpfe widerspiegelt. All das wird als Energie in dem Fleisch gespeichert und wir essen es fröhlich und meistenteils unwissend mit – und unsere Haustiere auch. Nach reiflicher Überlegung kam ich zu dem Entschluss, dass es durchaus sein konnte, dass Finn mit seinem überschwappenden Energiefeld die traumatischen Energien der geschlachteten Tiere spürte und sie ihm nicht bekamen. Das hört sich weit hergeholt an, aber ich glaube, dass ist es nicht. Energetisch gesehen ist konventionelles Fleisch für mein Empfinden kein *Leben*smittel, im Sinne von Leben spendend, sondern etwas, bei dessen Konsum unsere tiefsten Ängste und Traumata angerührt werden. Eigentlich müsste es heute als Sondermüll gehandelt werden, stattdessen landet es fast täglich auf den Tellern vieler Tausend Kinder und Erwachsener.

Jetzt waren Hunde Hunde und Menschen Menschen und meiner Meinung nach ist der Mensch nicht unbedingt ein Fleischfresser – der Hund dagegen wohl, daran besteht schon aufgrund seines Darmaufbaus kein Zweifel. Es gibt immer mehr Menschen, die ihre Hunde vegan ernähren, aber für mein Gefühl sollte ein Hund Fleisch fressen. Aber welches? Ich fand in Berlin keinen Fleischer, der Hundefutter nach der Neuland-Richtlinie erzeugte und Biofleisch war unerschwinglich. So konzentrierte ich meine Ausflüge ins World Wide Web auf die Inhaltsstoffe der unterschiedlichen Futtererzeuger. Ich fand tatsächlich Trockenfutter, das angeblich von glücklichen Rindern auf Weiden, im Fjord hüpfenden Lachsen und ohne jegliche künstliche Zusätze vertrieben wurde. Dafür beinhaltete es Kräuter, Obst, Gemüse, Omega-3-Fettsäure und einiges mehr.

Im Zuge der Suche nach vernünftigem Futter fand ich im Internet ein Labor, das mit einem Speichelabstrich angeblich über 5000 verschiedene Messungen durchführte und dabei auf die wirklichen Ursachen für Unwohlsein und Krankheit stieß. Im Preis enthalten war neben der Labordiagnose ein ausführliches Beratungsgespräch per Telefon. Ich entschloss mich, so eine Messung bei Finn durchführen zu lassen, und wartete sehnsüchtig auf das Röhrchen für die Speichelprobe, das mir zugeschickt werden sollte. Ich wartete und wartete, nichts geschah. Abgebucht wurde allerdings bereits zwei Tage später und ich begann, etwas unwirsch zu werden. So lange konnte ein Brief nicht unterwegs sein, also rief ich nach fünf Tagen dort an und man versicherte mir, das Röhrchen wäre unterwegs... als Warensendung verschickt! Eine Warensendung kann bis zu zehn Tage dauern. Bei der Buchung hatte ich einen Fragebogen ausfüllen müssen, in dem ich die Dringlichkeit genau beschrieb – und die schickten das Ding per Warensendung? Ich war fassungslos. Die Dame am anderen Ende der Leitung versicherte mir, wenn es in weiteren vier Tagen nicht ankäme, würde sie ein neues Röhrchen auf den Weg schicken. Ich stand kurz vor einem hysterischen Anfall. Wenn es dringend war und das Röhrchen, ein Pfennigartikel, nicht ankam, schicke ich doch sofort ein neues, oder? Dort hatte man die Ruhe weg, ganz im Gegenteil zu mir. Ich sagte ihr, sie könne ihr zweites Röhrchen behalten; wenn das Leid der Tiere ihr so am A... vorbeiginge, seien sie nicht die richtigen und kompetenten Ratgeber für uns. Ich fand es unfassbar, stornierte meinen Auftrag, hörte mir noch kurzes Gemaule am anderen Ende an und legte genervt, und wieder einmal verzweifelt, auf.

BIORESONANZ

Fast zeitgleich stieß ich auf die Bioresonanztherapie bei Tieren und auf einen Tierarzt, der diese Methode im Wendland praktizierte. Eine Freundin erzählte mir, dass sie Menschen kannte, die mittels dieser Methode von Allergien befreit worden waren, und so sah ich einen kleinen Hoffnungsschimmer am Horizont. Ich nahm Kontakt zu diesem Tierarzt auf und verabredete für unseren nächsten Wendlandaufenthalt einen Termin. Gleich am ersten Tag nach unserer Ankunft fuhren wir dorthin und erzählten ihm unsere Geschichte. Er hörte interessiert zu, versicherte uns, bereits viele solcher Fälle mit Bioresonanz günstig beeinflusst zu haben, und begann, alle möglichen Stoffe durch dieses System auszutesten. Die Auswertung dauerte eine Woche, dann sollten wir wieder erscheinen und würden besprechen, wie es weiterging. Die Woche verging, das Kratzen war mal besser und mal schlechter und ich sehnte den Termin herbei, von dem ich mir so viel erhoffte. Das Ergebnis war niederschmetternd. Finn war allergisch gegen Hausstaub, Fisch, Reis, Äpfel, einige Sorten Fleisch und viele weitere Lebensmittel. Außerdem standen einige Baum- und Gräsersorten auf der Liste. Ich war am Boden zerstört, der Tierarzt aber bestens gelaunt. Er sagte, alles halb so schlimm, er hätte schon viel schwerere Fälle erlebt, aufgekratzt bis auf die Haut, mit entzündeten und vereiterten Wunden. Mit Bioresonanz kein Problem! Bei den meisten seiner tierischen Patienten seien die Symptome nach drei Behandlungen so gut wie verschwunden. Und wieder klammerte ich mich an den dünnen Strohhalm, den jemand mir reichte...
Alle Lebensmittel, auf die Finn allergisch reagierte, verbannte ich sofort von seinem Speiseplan. Der Arzt warnte uns vor,

dass es bis zu sechs Wochen dauern könnte, bis der letzte Rest eines Lebensmittels aus Finns Körper verschwunden wäre. So lange mussten wir uns also gedulden. Eine spürbare und deutliche Besserung stelle sich in den meisten Fällen aber schon wesentlich früher ein.

Nicht nachdenken durfte ich über Hausstaub! Der liebe Gott hat mir viele Fähigkeiten mitgegeben, die Hausfraulichen gehören definitiv nicht dazu. Staub war bei uns allgegenwärtig. Mal in dickeren, mal in dünnen Schichten, aber immer unübersehbar vorhanden. Mein Albtraum als junge Mutter war ein Kind mit Staubalgie – die Kinder sind zum Glück allergielos groß geworden und jetzt sollte ich einen Straßenhund mit Hausstauballergie haben? Das erklärte zwar die unaufhörliche Kratzerei im Bett und am Morgen, aber hätte es nicht eine normale Lebensmittelallergie auch getan?

Wir ließen Finn also mehrmals dort behandeln, aber der ersehnte Erfolg blieb aus. Er kratzte sich weiter und da er nie zur Ruhe kam, wurde dieser sowieso schon nervöse, dünnhäutige Hund noch nervöser, von mir ganz zu schweigen.

Der Tierarzt war ebenfalls mit seinem Latein am Ende und berichtete uns von einem relativ neuen chemischen Mittel, das aber leider aufgrund der großen Nachfrage zurzeit vergriffen war. Als Arzt hatte er noch Chancen, das heißbegehrte Gut zu ergattern, eine Apotheke müsste schon ziemlich lange warten. Als letzte Lösung schlug er vor, dieses Mittel zu probieren, und sah auch die Chance darin, herauszubekommen, ob die Ursachen bei Finn vielleicht doch psychischer Natur waren. Würde das Mittel nicht helfen, wäre die Wahrscheinlichkeit hoch, dass es sich um ein psychosomatisches Symptom handele, besserte sich sein Zustand dagegen, hätte es körperliche Gründe.

An eine psychische Ursache hatte ich natürlich bereits am Anfang gedacht, immerhin waren wir bei der Rudelstellungsfrau gewesen, die uns genau das prophezeite: „Ihr Hund wird krank, wenn er nicht aus dieser unpassenden Vergesellschaftung herauskommt." Immer wieder hallten mir ihre Worte im Ohr und hatten ein aktives Eigenleben in meinen Synapsen. Es waren noch ein paar Tage bis zu unserem fünftägigen Urlaub an der Ostsee, wir waren dem Durchbruch ganz nahe, aber das wussten wir zu der Zeit noch nicht.

Wieder schaute ich im Netz und suchte diesmal nach Erfahrungen mit diesem Mittel. Die Resonanz darauf war durchweg gut und nach einigem Hin und Her beschlossen wir, der Arzt solle das Mittel vorsichtshalber bestellen, ob es dann zum Einsatz käme, wollten wir abwarten. Wir waren entschlossen, Finn und uns selbst wenigstens im Urlaub etwas Ruhe zu gönnen. Ich fuhr also einen Tag vor dem Urlaub noch einmal quer durch das Wendland zu dem Arzt und kam mit 30 Tabletten und 80 Euro ärmer wieder zu Hause an. So hatten wir wenigstens einen vermeintlichen Trumpf in der Hand, denn wir dachten, wenn er erneut aus seiner Umgebung gerissen wurde, würde seine Kratzerei eher schlimmer. Aber Finn entpuppte sich wieder einmal als kleine Wundertüte.

DURCHBRUCH

Nach einer entspannten Fahrt fanden wir am Eingang unserer Ferienwohnung eine Tafel vor, auf der in schön geschwungener Schrift stand: „Willkommen, Familie Siewert mit Ella und Finn." Kilos der Anspannung purzelten von uns ab als wir endlich unsere Ferienwohnung betraten. Die Hunde wurden mit Hundedecken, Leckerlis und Kackbeutel begrüßt, und die Familie machte den Eindrück, als freuten sie sich wirklich auf uns und unsere Hunde. Mit unserem chemischen Anti-Kratz-Zaubermittel in der Tasche waren wir auch guter Dinge und freuten uns auf hoffentlich fünf entspannte Tage und Nächte. Seit diesem Tag fütterten wir auch das neue Hundefutter von glücklichen Tieren, die aber leider dennoch ihr Leben für unsere Hunde lassen mussten.
Dann geschah das Unfassbare: Unser immer aufgeregter, nervöser, kratzender und leckender Hibbelhund war die Ruhe selbst! Er schlief und schlief und schlief. Wenn er wach war, tobte er draußen herum, nur um sofort im Anschluss wieder zu schlafen. Er kratzte sich mal, wenn es ihn juckte, er leckte sich mal sehr kurz und ansonsten waren diese ganzen Symptome wie weggeblasen. Wir hatten einen ganz normalen, gesunden Hund. Meine Nerven entspannten sich zwar nur langsam – ich traute dem Braten noch nicht ganz –, aber nach drei Tagen kratzfrei konnte auch ich unser Glück fassen und freute mich einfach riesig darüber. Wir bezogen diese wunderbare Veränderung gänzlich auf das neue Futter. Eigentlich fanden wir es schade, nicht mehr Frischfleisch füttern zu können, denn für mein Gefühl ist es die natürlichste Ernährung und Ella sollte es nach dem Urlaub auch wieder bekommen. Aber Finn schien dieses Futter definitiv besser zu vertragen, was für ihn hieß, Frischfleisch

ade! Schon bahnten sich wieder kleinere Sorgen den Weg in mein Hirn: Wie würde das funktionieren, wenn Ella frisches Fleisch und Finn Trockenfutter bekam? Aber gut, das war Schnee von morgen, heute lief es erst einmal gut und Ella fraß das Trockenfutter mit der gleichen Inbrunst, mit der sie alles frisst, was man ihr gibt.

Wir hatten eine gute Zeit und fuhren nach fünf Tagen frohgemut wieder ins Wendland. Es war Sonntag. Nach einer ruhigen Fahrt kamen wir am späten Nachmittag an, schlossen das Haus auf, räumten das Gepäck wieder ein, kramten hier und dort – und Finn begann sich zu kratzen. Ich traute meinen Augen kaum. Sollte das nun wieder losgehen? Er hatte doch gar nichts gegessen, das auf der Liste seiner Allergien stand. Hatten wir vielleicht Schimmel im Haus? Oder... ein Gedanke bahnte sich leise, aber vehement seinen Weg durch meine Synapsen... lag es an uns?

Machten *wir* diesen sensiblen Feinfühler nervös? Hing des Rätsels Lösung einfach an uns und unserem Verhalten? Morgen war Arbeitsbeginn, Rainer fand Montage überflüssig, das war ein gefühltes Überbleibsel seiner Angestelltenzeit: Damals war der Montag immer ein Katastrophentag, er ging also ausgesprochen unentspannt in die Woche, erst recht nach einem Urlaub. Ich war, bis auf die paar Tage im Urlaub, sowieso alles andere als entspannt, seitdem Finn bei uns war. Einerseits erschütterte mich der Gedanke, andererseits fand ich ihn faszinierend, denn sollte sich mein Verdacht bestätigen, wären wir es ja, die das ganze Drama in der Hand hätten und somit wären auch wir es, die es verändern oder gar beenden könnten. Wir alle wären keine Opfer irgendwelcher Allergien und Lebensmittel, Hausstaub und Pollen, wir wäre die Macher, die Veränderer, wir hätten die Verantwortung in der eigenen Hand.

Eigentlich gefiel mir der Gedanke. Wie oft predigte ich meinen Patienten, dass wir selbst die Schmiede unseres Glückes sind, weder Chefs noch Partner, weder Freunde noch Umstände. Dass *wir* entscheiden, was wir uns gefallen lassen und was nicht, mit wem wir unsere Zeit verbringen und mit wem nicht (mehr), dass wir endlich bereit sein sollten, die Verantwortung für unser Leben zu übernehmen. Mein schlaues Wissen bezog sich ganz offensichtlich nicht nur auf unseren Umgang mit anderen Menschen und unserem eigenen Leben, sondern auch auf unsere Ausstrahlung, die wir auf unsere Tiere haben. Zumindest Tiere mit einem solchen Energiefeld wie Finn nehmen den Stress ihrer Halter, auch wenn er nicht offensichtlich ist, auf und spiegeln ihn, nach dem Motto: Schau, da gibt es etwas, das dir Angst, Stress oder Druck macht, dich verunsichert, ärgert oder angespannt sein lässt.

Je mehr ich darüber nachdachte, desto mehr Sinn machte das Ganze. Ich hatte mich außerhalb meiner Arbeit nur noch um Finn gedreht, beobachtete ihn genaue, merkte mir immer, was er fraß, um eventuelle Zusammenhänge zu erkennen. Sein Zustand wurde von Tag zu Tag schlimmer, meiner auch, und so schaukelte sich das hoch bis kurz vor dem Nervenzusammenbruch für uns beide. Beim Einmassieren des Lavendelöls war ich innerlich verhältnismäßig ruhig, viele Jahre meines Lebens habe ich mit Körperarbeit verbracht und der Einsatz meiner Hände hatte immer eine beruhigende Wirkung auf mich. Das war der Grund, weshalb diese Behandlung als Einzige einen Erfolg gebracht hatte.

Ich denke heute, Finn hat sicher einige Unverträglichkeiten, aber diese verheerenden Auswirkungen haben die erst, wenn etwas anderes nicht im Lot ist. Haben wir also Stress, kriegt unser Hund den auch und die Allergien brechen aus. Sind wir ausgeglichen und mit einer inneren Ruhe und Klarheit ausgestattet, wie es in den fünf Tagen an der Ostsee der Fall war, geht es ihm blendend und sein eigenes System kann prima mit den Allergenen umgehen.

Niemand wies mich auf den möglichen Zusammenhang zwischen uns und unseren Tieren hin. Die Ärzte nicht (und wir waren bei verschiedenen), die Freunde nicht, und ich selbst war so betriebsblind und mittendrin, dass mir die Distanz fehlte, um solch einfache Zusammenhänge erkennen zu können. Unsere Aufgabe war nun, dafür Sorge zu tragen, dass wir wieder zu einer inneren Ruhe fanden, uns nicht ständig Gedanken machten, uns unter Druck setzten und Stress verbreiteten, den Finn durch Kratzen und Lecken zu kompensieren versuchte. Beide bekamen wieder Frischfleisch, aber, zumindest während unserer Zeit im Wendland, aus Neuland-Haltung. Auch wenn ich jetzt die wahren Ursachen für das Problem kannte, wollte ich unsere Hunde nicht diesen angstvollen und verzweifelten Energien aussetzen, die wir Menschen durch Haltung und Schlachtung in der konventionellen Tierproduktion in den Tieren hervorrufen.

Meine Überlegungen gingen weiter. Früher hatte ich täglich eine halbe bis eine Stunde meditiert. Warum machte ich das nicht mehr, obwohl ich wusste, wie gut es mir tat? Irgendwie mussten wir, und vor allem ich, wieder mit unseren eigenen Dingen klarkommen, anstatt das Augenmerk von früh bis spät auf den armen Hund zu richten. Da musste Hund ja nervös werden ...

Hört sich einfach an, ist es aber nicht.

VERÄNDERUNGEN

Die Erkenntnis ist der wichtigste Schritt, aber wie sollten wir das umsetzen? Unser Leben war zu dieser Zeit einfach hektisch. Wir pendelten zwischen dem Wendland und Berlin hin und her. Waren wir in Berlin, kümmerte ich mich um meine Praxis und arbeitete als Dozentin in einer Heilpraktikerschule. Außerdem schrieb ich an einem neuen Buch. Im Wendland beschränkte sich meine Tätigkeit auf das Schreiben, was die Sache für mich sehr vereinfachte: Ich saß am Schreibtisch und schrieb still vor mich hin.
Als Wissenschaftler verfasst Rainer Texte und reist für Vorträge quer durch den deutschsprachigen Raum. Meist sind seine Aufträge termingebunden. Oft ist es vom Input anderer abhängig, dadurch liegt es nicht immer in seiner Macht, die Aufträge entspannt fertigzustellen. Das Hin und Her zwischen Stadt und Land bescherte uns zwar eine wunderschöne Zeit in der Natur, forderte aber ebenfalls seinen Tribut von uns allen: Wir waren überall und nirgends. Die Termine in meiner Praxis beschränkten sich nunmehr auf zwei Wochen im Monat, die Planung der Zeiten hier und dort musste gut überlegt sein, spontane Änderungen waren nicht möglich. Ursprünglich hatte ich mir vorgestellt, ein paar Unterhosen einzupacken und in unser Haus zu fahren. So war es leider nicht. Auch wenn vieles dort vorhanden war, gab es doch immer wieder einiges, was seinen Weg von hier nach dort finden musste. Das begann beim Hundespielzeug und endete bei Winterstiefeln.

Im Herbst 2014 hatten wir beschlossen, im Frühjahr ganz in unser kleines Feriendomizil im Wald zu ziehen. Eine Idee, die ein bisschen Ruhe in unser Leben bringen sollte und unserem zunehmenden Bedürfnis nach Natur Rechnung trug – der Weg dahin war allerdings alles andere als entspannt. Wir packten im Grunde sechs Monate und bei jeder Fahrt nahmen wir einen Teil unseres Hausstandes mit. In Berlin wurde es nach und nach ungemütlicher, im Wendland dagegen immer heimischer. Unser Nurdachholzhaus war im Gegensatz zu unserer großen Berliner Altbauwohnung sehr klein und hatte jede Menge Schrägen. Eigentlich als Ferienhaus konzipiert (und von uns auch als solches gekauft), hatte es von dem Vorbesitzer Mitte der 90er-Jahre einen Anbau bekommen, der Raum für zwei weitere Zimmer mit sich brachte. Eine Person konnte dort gut als Festwohnsitz leben, für zwei Personen war es kuschelig und gemütlich, aber es bedurfte einiger Abstriche an Komfort und Besitz. Somit brachte der Entschluss, ganz ins Wendland zu ziehen, eine Reduzierung auf das Wesentliche mit sich. Und genau das reizte uns auch. Schauen, was wir wirklich brauchten. Sowohl an Eigentum als auch an Zerstreuung wie Cafés, Restaurants, Kinos und Veranstaltungsstätten. Das alles gab es hier natürlich auch – schon aufgrund der bemerkenswerten Bevölkerungsstruktur mit vielen (Lebens-)Künstlern, Freischaffenden und alternativ Lebenden –, nur nicht in solchen Mengen wie in der Stadt. Unser Vorhaben zog einiger Umbauten und Veränderungen mit sich, bis wir unsere Dinge des täglichen Bedarfs in dem kleinen Haus unterbringen konnten. Waren wir nun im Wendland, bauten wir neben der Arbeit Regale und Kisten, die sich den vielen Schrägen unseres Hauses anpassten und uns so eine gute Platzauslastung gewährleisteten. Wir brauchten maussichere Metallschränke für den Schuppen, machten uns Gedanken über die beste Nutzung unserer Miniküche und den Platz der Waschmaschine, parallel gingen Kühlschrank, Herd und

Gefriertruhe kaputt – wenig später dann auch noch die Waschmaschine. Die einzige Heizquelle des Hauses war ein wunderbarer Ofen, der sich mit Holz befeuern ließ. Damit wir warm über den Winter kamen, brauchten wir also jede Menge Holz, das bestellt, angeliefert und gestapelt werden musste. Unsere schöne Wohnung in Berlin ganz aufzugeben kam zu dem Zeitpunkt noch nicht infrage. Wir suchten also einen zuverlässigen Untermieter, die Verwaltung musste eingeschaltet, die Wohnung geräumt und vieles aufgrund der geringen Größe des Hauses untergestellt werden. Es gab jede Menge zu organisieren und dieser Part lag vor allem bei mir. Rainer ist nicht so ein großes Organisationstalent und er schätzt – ebenso wie Finn – Veränderungen, wenn überhaupt, nur in kleinen Häppchen. Wir konnten es drehen und wenden, wie wir wollten: Unser Leben war zu dem Zeitpunkt alles andere als ruhig und entspannt und irgendwie mussten wir alle vier gut über das nächste halbe Jahr kommen. Dann, so waren wir fest entschlossen, würde alles anders werden.

DIE NACHBARIN

Ich beobachtete Finn immernoch, aber etwas Entscheidendes hatte sich geändert: Es waren nicht mehr die Adleraugen, die auf ihn blickten. Ich brach nicht mehr in Verzweiflung aus, wenn er sich kratzte, sondern ich fragte mich: Wie geht es mir, was machen meine Nerven gerade? Spürte ich in mir die Antwort nicht, fragte ich Rainer – und siehe da, einer von uns beiden war mit Sicherheit innerlich angespannt, wenn Finn uns das im Außen mittels Kratzattacken spiegelte. Er war zu einem Indikator unserer Befindlichkeit geworden und obwohl ich froh war, endlich der Ursache auf den Grund gekommen zu sein, suchte ich trotzdem nach einer Lösung für uns alle, denn ich wollte nicht, dass er unseretwegen litt. Leider konnten weder ich noch Rainer von einem Tag auf den anderen alle inneren Anspannungen auf Knopfdruck abstellen. Finn war ein Barometer unseres Innern und zu der Kratzerei kam noch, dass er, je nervöser er war, umso hysterischer reagierte, wenn etwas für ihn Außergewöhnliches oder gar vermeintlich Bedrohliches geschah. Das war seit Beginn seiner Zeit bei uns so, wurde aber zunehmend zum Problem, weil wir immer längere Zeiten im Wendland verbrachten und eine neu zugezogene Nachbarin sehr überspitzt auf kurze Bellattacken unserer Hunde reagierte. Ella konnte sich sowieso mit Feuereifer empören, wenn jemand an unserem Zaun vorbeiging. Finn war der Meinung, er könne sie nicht alleine in ihrer Empörung lassen, und stimmte als wachsamer Maremmanomischling lautstark mit ein. Er gab alles. Das Ganze dauerte etwa eine halbe Minute, aber besagte Nachbarin reagierte völlig unangemessen und brüllte jedes Mal schon, wenn ein Hund zum Bellen ansetzte. Sie schrie aus ihrer Haustür, die unserer Terrasse direkt gegenüberlag, was zur Folge hatte, dass unsere Wächter noch mehr Alarm schlugen. Frei nach dem Motto: „Wenigstens ein Zweibeiner, der die Gefahr erkennt, siehste Frauchen, *die* brüllt wenigstens mit!"

Ging sie am Zaun vorbei, rief sie schon, bevor ein Hund sie überhaupt registriert hatte, ein AUS, AUS, AUS über den Zaun... woraufhin die Hunde am Zaun langrasten und sie vermeintlich vertrieben. Jede Kommunikation mit dieser Frau scheiterte und endete damit, dass sie ein Radio an ihre geöffnete Haustür stellte und uns samt der ganzen Siedlung mit Arien oder Heavy Metal beschallte. Was anfänglich nur lästig war, wuchs zu einem handfesten Problem. Besagte Dame hatte mit jedem in der Siedlung aus unterschiedlichen Gründen Streit. Bei uns waren es die Hunde, unserer anderen Nachbarin warf sie vor, nachts auf ihr Grundstück zu gehen und den Mörtel aus den Fugen zu kratzen, andere Hunden bellten nicht, dafür hoben sie angeblich ihr Bein an ihrem Zaun, wieder andere Nachbarn wagten es, nachmittags um 16 Uhr in der Woche Rasen zu mähen. Sie erklärte uns, sie sei siebenmal aufgrund unzumutbarer Nachbarn umgezogen und diesmal entschlossen, sich keinesfalls vertreiben zu lassen. Ordnungsamt und Polizei gaben sich die Klinke in die Hand und keinem fielen unsere Hunde als besonders laut oder schwierig auf – im Gegenteil. Das änderte jedoch nichts an der Einstellung dieser Frau unseren Hunden gegenüber, die Atmosphäre verdichtete sich von Tag zu Tag. Wir hatten einen energetischen Giftpilz direkt gegenüber und das machte die Sache wahrlich nicht einfacher. In meinem Leben bin ich 14-mal umgezogen und hatte jede Menge Nachbarn, neben, über und unter mir. So etwas hatte ich noch nie erlebt und ich hätte es wahrscheinlich auch nicht glauben können, wenn es mir erzählt worden wäre.

Eine Freundin riet uns, jedes Mal, wenn unsere Hunde einen Besucher oder Spaziergänger ankündigten, einen Ball (Finns liebstes Spielzeug) für Finn und Leckerlis für Ella zu werfen, in der Hoffnung, dass sie sich ablenken ließen. Fortan gingen wir nie ohne Ball am Hosenbund, und Leckerlis in der Hosentasche in den Garten. Um das Ausmaß noch einmal klar zu stellen: Es kamen täglich nur ein paar Hundebesitzer in unserer Sackgasse vorbei, das Ganze belief sich auf maximal fünf bis zehn Minuten Bellen am Tag – nahm aber die Energie eines ganzen Tages in Beschlag.

Wir sahen auch für uns keine adäquate Möglichkeit, mit der Situation umzugehen. Der Versuch, auf Durchzug zu schalten gelang maximal drei Tage am Stück. Wir brüllten zurück, ließen sie auflaufen, riefen das Ordnungsamt. Es nützte nichts, wir fühlten uns in unserer Freiheit, und vor allem der unserer Hunde, massiv eingeschränkt und unsere innere Anspannung wurde durch die Situation jeden Tag aufs Neue gefüttert. Je nervöser wir wurden, desto unruhiger wurden die Hunde, desto hysterischer reagierte Finn am Zaun.

Das Ganze krönte in einer Kuriosität, die ich bis heute kaum fassen kann, damals machte sie mich sprachlos: Wenn wir abends auf dem Sofa saßen und ein Krimi im Fernsehen lief, verließ Finn den Raum und legte sich in den Nebenraum. Das Zimmer, indem wir unseren Fernseher bei Bedarf aufbauten, war derselbe Raum, indem unser Ofen stand. Zuerst dachten wir, es sei ihm dort zu warm und er wechsele deshalb in den um zwei oder drei Grad kühleren Nebenraum. Irgendwann stellten wir fest, dass sein Verhalten von der Temperatur unabhängig war. Immer wenn etwas Spannendes im Fernsehen lief, suchte Finn nach kürzester Zeit das Weite. Schauten wir eine Reportage, eine

Tiersendung oder eine politische Sendung, blieb er liegen und genoss die gemeinsame ruhige Zeit auf dem Sofa. Nie schauten wir Horrorfilme oder Psychothriller, mit dem sonntäglichen „Tatort" erschöpfte sich unsere Krimilust und so aufregend fanden wir die Sendung normalerweise nicht. Dennoch musste er die Anspannungen von uns spüren, die wir anscheinend beim Sehen eines Krimis in den Raum entließen. Wahrscheinlich war sein Tag so angefüllt mit Anspannung, dass er es nicht ertragen konnte, auch noch abends in Räumen zu sein, in denen Anspannung herrschte. Bei der anschließenden sonntäglichen politischen Diskussionsrunde, die wir manchmal sahen, kam er meistens wieder zu uns, legte sich auf das Sofa und schlief friedlich wieder ein. Die Situation mit unserer Nachbarin kostete uns jede Menge Nerven und ließ sich so schnell nicht ändern, wir mussten uns wieder einmal etwas einfallen lassen.

HOMÖOPATHIE

Eine gute Freundin von uns ist seit 20 Jahren erfolgreiche Homöopathin. Ich bat sie um Hilfe, beschrieb die Situation mit Finn und auch die Eskalation mit unserer momentan größten Herausforderung, unserer Nachbarin. Ich erzählte von der Kratz-Odyssee und den daraus gewonnenen Erkenntnissen, von unseren Bemühungen, unser eigenes Stresslevel möglichst niedrig zu halten, und der Tatsache, dass uns die Situation mit unserer Nachbarin so sehr anspannte, dass Finn inzwischen immer hysterischer bellte, wenn sich jemand den Gartenzaun näherte. Auch Ella tat lautstark kund, wenn jemand Fremdes in Anmarsch war, aber bei ihr war es eher die Empörung, nach dem Motto „Stell dir vor, da kommt doch tatsächlich jemand, na der traut sich ja was!". Bei Finn war es eher eine Aufregung bis zur Hysterie: „Da kommmmmt jemand, komm schneeeeell und pass auuuf!!" Er raste wie wild hin und her und bellte und wir rasten mit und versuchten ihn zu beruhigen. Allerdings waren wir dabei alles andere als ruhig und klar, denn wir befürchteten jedes Mal die Repressalien von gegenüber. Er schnappte unsere Aufregung also auf und wurde noch schneller und noch lauter. Es war ein Teufelskreis, das fatale Ende kannten wir.
Meine Homöopathie-Freundin, selbst keine Hundebesitzerin, sondern diesen felligen Vierbeinern gegenüber eher skeptisch eingestellt, schaute sich Finn an. Schnell kam sie auf das passende Mittel: Es wird oft bei Jugendlichen verschrieben, die völlig überbordend sind, sich nicht abgrenzen können und alles von anderen aufnehmen, obwohl es nicht zu ihnen gehört. Es passt häufig auf Kinder, die in sehr jungen Jahren die Mama verloren haben und eine sehr ungeschützte Kindheit hatten. Eines der Symptome war

Jucken und Kratzen und hysterische Reaktionen auf Unvorhersehbares. Wunderbar, das passte wie die Faust aufs Auge. Wir fuhren jetzt also zweigleisig. Einerseits schauten wir bei uns, so wenig Stress wie möglich zu machen, die Dinge ruhiger anzugehen, uns zu entschleunigen – etwas, das gerade mir bis heute noch guttut, danke Finn! – auch einmal auf dem Sofa zu chillen oder in der Hängematte zu liegen, herauszutreten aus der Mühle, in die wir uns in den letzten Jahren irgendwie hineinmanövriert hatten. Andererseits bekam Finn dieses homöopathische Mittel, dass abpuffern sollte, was wir (noch) nicht schafften.

Als ich ihm das erste Mal das Mittel gab, vollzog sich eine bemerkenswerte Wandlung in ihm. Er war sehr kurze Zeit nach der Einnahme müde und schlief tief und fest. Bisher hatte er tagsüber immer ein waches Auge gehabt, selbst wenn er sich ausruhte. Nie legte er sich einfach ab und schlief entspannt, das Höchste der Gefühle war ein Dösen, immer auf der Hut, immer in Habachtstellung, immer mit einem Bein am Aufspringen. Nachdem, trotz der Situation, das nächtliche Kratzen fast gänzlich verschwunden war, konnte er wenigstens dann wirklich zur Ruhe kommen. Tagsüber fiel es ihm dagegen immer noch schwer. Noch beeindruckender war, dass sein Energiefeld, wie ein Kaleidoskop, irgendwie zurück einrastete. Ich kann es nicht anders beschreiben. Es war, als ob sich sein Feld komplett neu sortierte, alle Ecken und Kanten, die hervorstanden, fügten sich wieder in ein Ganzes. Es war jetzt eine homogene, gleichmäßige, ruhige Energie, die ihn umgab. Immer noch nicht wirklich abgegrenzt, aber in sich ruhend. Ich war sprachlos. Noch nie vorher hatte ich eine energetische Veränderung so wahrgenommen wie bei meinem auf der Terrasse liegenden Hund nach der Einnahme des homöopathischen Mittels. Das Kratzen und Lecken war aufgrund unserer inneren Veränderungen und Bemühungen um Ruhe und Ausgeglichenheit schon viel besser geworden, nachts nur noch selten und auch tagsüber für alle Beteiligten auszuhalten. Die Hysterie legte sich mit diesem Mittel schlagartig. Finn meldete immer noch Besucher und Spaziergänger, aber einfach nur aufgeregt und nicht mehr hysterisch.

Wir gaben dieses Mittel laut Anweisung alle drei Tage und tatsächlich konnte ich zusehen, wie sich am dritten Tag die Symptome langsam wieder einstellten. Mit der Zeit konnten wir die Gabe auf vier und fünf Tage ziehen und irgendwann waren wir bei einmal wöchentlich, dann alle zwei Wochen und irgendwann einmal im Monat. Inzwischen braucht er das Mittel schon lange nicht mehr. Viel in unserer Situation hat sich geändert, unser kleiner Rumäne ist wesentlich stabiler geworden mit den Jahren und gemeinsam sind wir ein ganzes Stück an uns gewachsen. Wie fatal wäre es gewesen, wenn wir der Rudelstellungsfrau geglaubt hätten und als Konsequenz aus den vermeintlich unpassenden Stellungen einen von beiden abgegeben hätten! Wie unsagbar traurig für Mensch und Tier, und die Erkenntnisse, die uns dieses Jahr gebracht hatte, wären einfach an uns vorbeigegangen. Finns Kratzen hatte mit vielem zu tun: mit einer Allergie, mit uns und mit uns und mit uns – aber nichts, gar nichts mit Ella.

JAGEN MIT EHEKRACH

Meine Einstellung zum Jagen hatte sich durch die Beschäftigung mit dem Thema und das Hinterfragen einiger Vorstellungen schnell und grundlegend gewandelt. Ella kam immer noch grinsend von ihren kleinen Ausflügen zurück und ich fürchtete, Finn würde von ihr lernen, was ihn vorher gar nicht interessierte: das Jagen. Das ist die Krux bei mehreren Hunden; sie schauen sich nicht nur die Eigenschaften, die wir Menschen im Zusammenleben mit ihnen als positiv bewerten, voneinander ab, sondern leider auch die Unarten. Finn jagte aus sich heraus (noch) nicht und ich wollte unter allen Umständen verhindern, dass er mit Ella gemeinsam auf den Geschmack kam und sie dann beide in herrlicher Eintracht hinter allem her rannten, was sich in Wald und Flur bewegte.

Wir leben in einer Gegend, in der es etwas über 40 Einwohner pro Quadratkilometer gibt. Entsprechende Mengen von Rehen, Hasen, Füchsen, Vögeln, Mäusen, Katzen und Waschbären haben den Landkreis zu ihrem Zuhause erkoren. Ich behaupte einmal, um Ella zu erwischen muss ein Waidmann schon sehr ausgeschlafen sein – sie schlägt Haken, rast wie eine Wilde und ist durch ihre Farbe so getarnt, dass sie, wenn überhaupt zu sehen, in Sekundenschnelle wieder verschwunden ist. Bei Finn ist das anders. Er läuft nur kurze Zeit schnell und ist nicht der Ausdauerläufer, er schlägt weder solche Haken (obwohl er als Junghund durchaus versuchte, es Ella gleichzutun), noch macht er sich auf andere Weise unsichtbar. Im Gegenteil: durch sein helles Fell leuchtet er wie ein Knallbonbon im Wald und ist auch auf Entfernung nicht zu übersehen. Neben der Tatsache, dass Jagen schlichtweg verboten ist und sowohl unsere, als auch andere Tiere gefährdet, lag meine größte Angst darin, dass die beiden irgendwann einmal über eine der wenigen Straßen liefen und einen Unfall provozierten, oder dass ein Jäger sie erschoss. Beide Szenarien trieben mir den Angstschweiß auf die Stirn. Ich würde meines Lebens nicht mehr froh werden, wenn ein Mensch zu Schaden käme, weil meine Hunde jagten, oder die beiden ihr Leben ließen, weil ich nicht imstande war, auf sie aufzupassen. Rainer sah das alles nicht so eng. Für ihn gehörte diese Eigenschaft zur Natur der Hunde, Straßen gebe es quasi nicht bei uns (womit er recht hatte), und er freute sich, wenn Ella glücklich von ihren zehnminütigen Ausflügen wiederkam. Finn tauchte normalerweise sehr viel schneller wieder auf. Er wusste sowieso nicht, wem oder warum er da hinterherlaufen sollte, und folgte im blinden Gehorsam einfach Ellas Instinkten.

Bei Ella gehörte das vom ersten Tag an mit zum Programm und ich hatte keine Idee, wie ich ihr das Jagen abgewöhnen konnte. Das Ideal einer Mensch-Hund-Beziehung spiegelte sich für Rainer in dem wunderschönen Buch „Merles Tür" (siehe Anhang) wider. Mensch und Hund lebten dort in gegenseitiger Achtung und Respekt für die Bedürfnisse des anderen. Merles Mensch machte, im Gegensatz zu uns, tagelange Ausflüge in die Berge, wo er mit Merles Hilfe das ein oder andere Tier für den Eigenbedarf jagte. Merle durfte das alleine keineswegs, da er aber das Bedürfnis nach Jagen gemeinsam mit seinem Menschen leben konnte, war es eine sinnvolle Kooperation für beide Seiten. Auch ich fand dieses Buch ganz wunderschön und natürlich wäre es ein ideales Zusammenleben für Mensch und Hund... aber die Gegend, in der Merle in den USA lebte, war noch viel dünner besiedelt als das Wendland und er war ein sehr souveräner Hund. Unsere Bedingungen waren andere, und das machte diese Form des Zusammenlebens zwischen Mensch und Tier unmöglich. Außerdem hatten wir jetzt Finn und wie gesagt, abgucken geht schnell, wieder abgewöhnen dagegen nicht.

Es war für uns beide schwierig, mit der Hundeerziehung an einem gemeinsamen Strang zu ziehen. Rainer und ich sind in vielen Dingen sehr verschieden und normalerweise schätzen wir diese Andersartigkeit bei dem anderen, sie macht einen Teil unserer glücklichen Ehe aus. In diesem Fall war es aber etwas komplizierter. Rainer ist besonnen und überlegt, andererseits aber auch inkonsequent. Ich bin eher chaotisch und spontan, dafür dann aber wenigstens eine Zeit lang konsequent. Es ist nicht schwer zu erkennen, dass es für die Hunde schwierig war, gemeinsam mit uns den täglichen Spaziergang zu unternehmen. Rainer lief die Morgenrunde immer alleine und in der Zeit hatten unsere Hunde fast „freie Fahrt für freie Hunde". Kam ich beim großen Gang am Nachmittag dazu, gingen die Uhren anders. Bei mir durften die Hunde nicht weit ins Unterholz, mussten im Grunde auf dem Weg bleiben, durften nicht zu weit vorlaufen und nicht zu weit hinten wegfallen. Ich wollte sie in meinem „Dunstkreis" halten in der Hoffnung, schnell reagieren zu können, wenn sie eine Witterung oder eine Spur aufnahmen, was schon unter diesen Bedingungen oft genug nicht gelang.

Es gab Spaziergänge, auf denen Ella drei- oder viermal für einige Minuten weg war – und nicht selten lief Finn ziemlich plan- und kopflos hinterher. Hier im Wendland stritten wir uns ein halbes Jahr lang jeden Tag nach dem gemeinsamen Spaziergang um die Erziehung der Hunde. Ich kriegte Anfälle, fühlte mich alleine gelassen mit meinen Versuchen, der Situation Herr zu werden, und empfand Rainers Verhalten als Boykott meiner Bemühungen. Hatten wir uns auf irgendein Rückrufsignal geeinigt, war es nach spätestens zwei Wochen völlig verwässert. „Hierher" war zum Beispiel einer der Versuche, die wir starteten. Bei mir hieß es „Finn, hierher" - und fertig. Bei Rainer hieß es „Ella, komm mal bitte her, hiiiierher, Ella, na komm... schnalz, schnalz, Ellchen, jetzt komm aber mal hierher, hiiier". Es entsprach ihm einfach nicht, *ein* klares Wort zu sagen und dann auch noch immer dasselbe!

Allerdings führte das durchaus auch zu unfreiwillig komischen Situationen: Finn stöberte im Unterholz und sollte schleunigst dort herauskommen. Rainer rief ihn auf seine Art und Finn hörte auch tatsächlich auf zu stöbern, hob den Kopf und sah ihn irritiert an, verstand aber nur Bahnhof. Man konnte ihm förmlich ansehen, wie er seine Synapsen zusammenschaltete und eifrig überlegte, was denn nun wohl von ihm erwartet wurde. Er war unschlüssig und bewegte sich vorsichtshalber einfach nicht. Ich sah mir das eine Weile an, rief dann „Finn, hierher!" und er setzte sich freudig in Bewegung und stand eine Sekunde später schwanzwedelnd neben mir, sichtlich erleichtert, endlich zu wissen, *was* er eigentlich tun sollte. Rainer war ein wenig verblüfft und ich musste schallend lachen und verglich die Situation mit einem Aufenthalt in China: Müssen wir Chinesisch lernen, sind wir auch froh, wenn niemand uns zutextet, sondern möglichst immer dieselbe Vokabel für eine Tätigkeit benutzt. Hunde müssen unsere Sprache wie eine Fremdsprache lernen, viel einfacher ist es, auf energetischer Ebene mit ihnen zu arbeiten, aber obwohl ich mich durchaus gut auf diesen Ebenen auskannte, setzte ich sie nicht ein – aber dazu später.

Inzwischen musste auch Rainer ein wenig über die Situationskomik lachen, eingeleuchtet hat ihm das natürlich schon, aber es entsprach ihm einfach nicht und das machte die Situation so schwierig. Es war nicht so, dass er mich ärgern wollte, wenn er Salven von verschiedenen Wörtern für eine Bitte losließ, er *war* das einfach nicht.

Der Zeitpunkt, an dem wir fest im Wendland wohnen wollten, rückte unaufhörlich näher und der Gedanke, demnächst jeden Tag einen Ehestreit vom Zaun zu brechen, fühlte sich nicht sehr erstrebenswert an. Wieder einmal bemühte ich das Netz, Bücher und manche Hundekenner aus der Nachbarschaft, um einen Ausweg aus dem Dilemma zu finden. Ich stieß bei meinen Recherchen auf ein Sprühhalsband und – verzweifelt wie wir waren – ließen wir uns von den vielen beeindruckenden Rezensionen leiten, besorgten so ein Halsband und probierten es bei Ella aus. Es war ein Halsband, das mittels Fernsteuerung sowohl ein Warngeräusch geben, als auch einen Wasser-Sprühstoß ausstoßen konnte. Wir nutzten die Sprühfunktion am Anfang nicht, sondern haben das Warngeräusch des Gerätes mit unserem Tabugeräusch gekoppelt konditioniert. Es funktionierte tatsächlich, aber anders, als wir gedacht hatten: Sie lief gar nicht erst los! Was war denn jetzt los? Wie konnte das sein? Ich denke heute, wir hatten ein Werkzeug in der Hand und mit diesem Werkzeug fühlten wir uns sicher. Wir waren nicht ständig dabei, den Horizont zu scannen, waren relativ entspannt beim Spaziergang, vermittelten Ruhe, Klarheit und Konzentration. Ich hatte das Gefühl, mit dieser Fernbedienung irgendetwas tun zu können, wenn Ella losraste, und fühlte mich nicht mehr so ohnmächtig wie vorher. Rainer hatte diese Ruhe in gewisser Weise auch vorher, aber ich war sehr angespannt beim Spaziergang. Meine Anspannung, eine Grundvoraussetzung für einen Jagdausflug, übertrug sich auf die Hunde und beide suchten viel achtsamer und wacher die Gegend ab, als sie es sonst getan hätten. Dieses Sprühding hatte also zur Folge, dass wir einerseits aufmerksam, andererseits aber nicht hysterisch waren. Und wir waren mit unserer Energie bei den Hunden und weniger beim Wild und dabei insgesamt entspannter. Als kleiner, aber wichtiger Nebeneffekt entfielen die Streitereien beim Kaffeetrinken.

Das Ganze ging so lange gut, wie wir diese innere Haltung beibehielten. Als wir anfingen zu schlampen, unsere Energie nicht mehr auf die Hunde richteten (war nicht mehr nötig, jagte ja niemand mehr), nutzte Ella bei einer passenden Situation unsere Unachtsamkeit und wir mussten tatsächlich das Sprühding mal bedienen – und es half gar nichts. Sie raste weiter, Finn hinterher und wir gingen quasi zurück auf Start! Diese Situation hatten wir noch öfter, direkt wieder zurück kam Ella kein einziges Mal. Allerdings hatten wir nicht nur einmal vergessen, die Batterie einzulegen, manchmal reichte die Reichweite des Senders auch nicht aus. Ich glaube, manchmal funktionierte das Gerät auch einfach nicht. Wie dem auch sei, das Problem hatte uns wieder, eine Lösung war nicht in Sicht und als ich dann auch noch bei weiteren Recherchen von fatalen Verknüpfungsfehlern und Ängsten beim Hund las, landete das Ding bei Ebay-Kleinanzeigen.

Um der Jagerei aus dem Weg zu gehen, kam uns die Brut- und Setzzeit zur Hilfe. Von April bis Mitte Juli eines jeden Jahres ist im gesamten Wendland Schonzeit und alle Hunde müssen ausnahmslos an die Leine. Daran hielten wir uns akribisch und so mussten wir unseren Hunden gegenüber auch kein schlechtes Gewissen haben, wenn wir sie an die Leine nahmen. Sie bekamen beide ihre hinreißend farbige, 15 Meter lange Schleppleine aus Biothane und ab ging es in den Wald. Ich achtete bei Finn sehr darauf, dass das Ende der

Leine bei mir in Fußnähe war, er durfte nach wie vor nicht weiter in den Wald oder ins Feld hinein und da sich seine eigene Jagdpassion in Grenzen hielt, funktionierte das sehr gut. In der Schonzeit machte auch Rainer keine Experimente und wenn wir das Gefühl hatten, einer der beiden sei ein bisschen „drauf", nahmen wir die Leine in die Hand. Das ist übrigens eine nicht nachahmenswerte Methode, sie brachte mir wahrlich nicht nur einmal schmerzhafte Prellungen meiner Hand, Zerrungen am gesamten Arm, aufgeschlagene Knie, kaputte Jeans und lautstarke Flüche nebst sehr schlechter Laune ein, aber einfach auf und davon? In der Schonzeit ist ihnen das nie gelungen.

REHBEGEGNUNG

Wenn Ella im Jagdfieber war, schrie und fiepte sie so sehr, dass man denken könnte, dort befände sich ein schwer verletztes Tier mit Höllenqualen statt einer kleinen Hündin im Jagdmodus. Wir waren wieder einmal auf einem unserer Nachmittagsgänge, die Schonzeit war vorüber und an einer Stelle, an der normalerweise kein Wild zu finden war, ließen wir die Schleppleinen, die wir inzwischen im Wald auch außerhalb der Schonzeit nutzten, auf dem Boden schleifen. Plötzlich rasten beide wie auf Kommando los. Sekunden später hörten wir Ellas Schreie und Finns Gebell ganz in unsere Nähe. Die Lautstärke veränderte sich nicht, woraus wir schlossen, dass sie an einer Stelle stehen geblieben waren. Ein eher ungewöhnliches Verhalten. Wir begannen, beide zu suchen, es war offensichtlich, dass irgendetwas Befremdliches vor sich ging. Den unüberhörbaren Geräuschen folgend, liefen wir ins Unterholz und fanden die beiden, Ella vor Erregung zitternd einige Meter neben, Finn direkt vor einem liegenden Reh stehend. Beim Näherkommen sahen wir, dass das Tier einen aufgebrochenen Bauch hatte und der Pansen aus diesem Loch heraushing. Aus den Augen des Tieres sprach panische, nicht zu beschreibende Angst. Ella war so von Sinnen, dass sie uns gar nicht wahrnahm, so schnappte ich mir beide und zerrte sie erst einmal einige Meter weit von dem geschockten Reh weg.
Wie immer, wenn man es braucht, hatten wir kein Handy dabei. Ich lief schnell mit beiden Hunden nach Hause, während Rainer bei dem Reh auf Hilfe wartete. Zu Hause angekommen rief ich mit zitternden Fingern den Jäger an und bat ihn, sofort zu der genannten Stelle zu kommen, um das Reh von seinen Qualen zu befreien.

Die Hunde blieben zu Hause, sie spürten meine Aufregung, saßen mucksmäuschenstill auf dem Sofa und schauten mich mit großen Augen an. Ich schnappte mein Fahrrad und fuhr zurück zu der Stelle, an der Rainer mit dem Reh saß. Innerhalb kurzer Zeit kamen Jäger, Jagdpächter und ein Gehilfe und schauten sich das Drama an. Ich zitterte immer noch am ganzen Körper und Rainer war kreidebleich. Waren unsere Hunde am Leid dieses wunderschönen, dunkelbraunen Tieres mit den unendlich traurigen und angstvoll geweiteten Augen schuld? Wir wussten bis dato nicht, ob unsere Hunde das Reh so schrecklich zugerichtet oder ob sie es lediglich gefunden hatten.

Wir kannten den Jäger. Er war ein alter, erfahrener freundlicher Mann und er versuchte sofort, mich zu beruhigen. Er nahm liebevoll meine Hand in seine, die alt, rau und von Wetter und Arbeit gegerbt war, und versicherte mir, dass er sofort sehen würde, ob das Tier von unseren Hunden gerissen worden wäre oder nicht. Sein Assistent war bereits bei dem leidenden Tier und gab Entwarnung. Es war nicht gerissen worden, weder von unseren Tieren noch von einem Wolf, den es immer mehr auch in unserer Gegend gibt. Es erlag einer Krankheit, die seinen Bauch so aufblähen ließ, dass er platzte. Da es kein frisches Blut aufwies, war auszuschließen, dass einer unserer Hunde zugebissen hatte. Obwohl Finn, wenn er gewollt hätte, den finalen Kehlbiss hätte geben können, hatte er es definitiv nicht getan. Der Jäger sagte, das Tier läge dort schon einige Zeit und wenn unsere Hunde es nicht gefunden hätten, wäre sein Leidensweg um weitere zwei bis drei Tage verlängert worden. Einerseits war ich beruhigt, dennoch konnte ich den Anblick kaum aushalten und war froh, als der Assistent endlich das Tier mit einem Schuss von seinen Leiden erlöste und die

Augen dieses hübschen Wesens brachen. Wir unterhielten uns noch eine Zeit mit den drei Männern und sie sagten, es sei sehr unwahrscheinlich, dass ein „ungelernter" Hund ein Reh riss, alleine wäre es fast nicht möglich. Nun sind sie ja zu zweit, aber er kannte beide und seiner Meinung nach „taugten" weder Ella noch Finn zu echten Jägern.

Das hatte *nicht* zur Folge, dass wir beruhigt ab jetzt unsere Hunde jagen ließen. Auch Rainer war der Schock in die Glieder gefahren. Er sah das erste Mal die Gefahr und das Drama des Jagens leibhaftig vor sich und war wild entschlossen, dass so etwas nie wieder passieren durfte. Auch wenn es genau genommen ein Glück für das Reh war, durch unsere Hunde ein paar Tage früher von seinem Leiden befreit worden zu sein.

FEUERPAUSE

In Berlin hatten wir immer eine ehetechnische Feuerpause, die sowohl uns, als auch den Hunden gut bekam. Es lief jagdlich gesehen dort wesentlich entspannter, denn die Wilddichte von Rehen und Hasen in dieser Stadt geht gegen null, das Hundeauslaufgebiet am Grunewaldsee ist fest in Hundepfote, die Königsheide, wo ich meist in der Woche am Nachmittag lief, hat wahrscheinlich noch nie einen Rehhuf oder einen Hasenfuß gesehen. Kurzum, so voll, laut und anstrengend Berlin war, in der Beziehung war es ein Eldorado der Entspannung und für uns wesentlich einfacher als auf dem Land. Dafür warteten dort andere Herausforderungen auf uns. Wir hatten den Hunden immer noch nicht abgewöhnen können, in jedem Gebüsch nach Essbarem zu suchen. Sie waren inzwischen beide wohlgenährt und es bedurfte wahrlich keiner regelmäßigen Extraportionen in Form von altem Döner, chinesischem Imbiss oder Currywurstresten. Es wird mir auch immer ein Rätsel bleiben, warum Menschen in einer Stadt ganze Töpfe mit Essensresten in den Park kippen. Es gab zum Beispiel Töpfe mit gekochten Nudeln im Gebüsch, auch eine fertig gebratene Weihnachtsgans nebst Rotkohl lag im Park und wartete auf dankbare Abnehmer – meist in vierbeiniger Form.

Als weitere Herausforderung hatten beide ihre persönlichen Lieblingsfeinde. Begegnungen mit ihnen waren anstrengend für Mensch und Tier. Da gab es zum Beispiel den „weißen Hund". Ein großer Kuvasz, immer an der Leine, hoch aggressiv, mit einem ebensolchen Herrchen. Er hatte bereits mehrere Hunde aus der Umgebung und dem Bekanntenkreis gebissen und trotz mehrmaliger Versuche konnten die

Behörden nichts dagegen untenehmen: Dieser Hund war immer an der Leine und somit verhielt er sich rechtskonform. Irgendetwas Komisches mussten Hund und Herrchen allerdings ausstrahlen, denn die meisten uns bekannten Hunde verhielten sich ähnlich auffällig wie Ella. Kam dieser Hund mit seinem Herrchen (nicht sein Herrchen mit dem Hund, denn wer wen führte, war hier sehr offensichtlich!) um die Ecke, raste Ella zu ihm hin, kläffte sich die Seele aus dem Leib und startete wilde Scheinattacken. Finn, der zu Beginn nicht wusste, wie ihm geschah, fiel schnell in das Getöse ein und so hatten wir zwei völlig hysterische Hunde, im besten Fall an der Leine, im schlimmsten Ella ohne Leine, einen zirka 75 Zentimeter großen und 55kg schweren Kuvasz, der um sich biss, und ein Herrchen, mit dem kein normaler Wortwechsel möglich war. Jede Begegnung mit dem weißen Hund trieb uns Schweißperlen auf die Stirn und wir dankten dem lieben Gott für jeden Tag, an dem wir ihm nicht über den Weg liefen.

Ella hatte eigentlich mit keinem Hund Stress. Seit sie erwachsen war, machte sie um die meisten Hunde einen Bogen. Manchmal begrüßte sie den anderen angemessen und schlenderte dann wieder ihrer Wege. Die Begegnungen mit dem Kuvasz waren jedoch fatal.

Dann gab es noch eine kleine Yorkshirehündin, deren Frauchen sicher war, Ella, damals noch sehr jung und verspielt, wolle ihre Hündin „vergewaltigen". Das kommunizierte sie lautstark und echauffierte sich mächtig. Sie glaubte ihren eigenen Blödsinn und nahm fortan ihren Hund immer hektisch auf den Arm, wenn die große Aggressorin Ella mit ihren 38 Zentimetern um die Ecke trottete. Mit der Zeit hatte sie keine Lust mehr auf die kleine

Minimaus, das Atemanhalten und die schnelle Bewegung der Dame, ihr Hündchen flink auf den Arm zu nehmen, hielt sich aber hartnäckig noch Jahre später.

Wir trafen auf viele entspannte und freundliche Hundehalter und es entwickelte sich manche Freundschaft zwischen Menschen und Hunden, aber es gab auch Kandidaten, die ein sehr bemerkenswertes Verhalten mit ihren Verbeinern an den Tag legten – und wir mit unseren nur mäßig erzogenen Hunden waren mittendrin. So hatten Berlin und das Wendland ihre eigenen Herausforderungen, denen wir uns stellen mussten – ohne Hunde wäre es doch wirklich langweilig, oder?

MEIN HUND, DEIN HUND

Wieder einmal saßen wir nach einem Spaziergang beim Kaffee in unserem kleinen Haus im Wendland, wieder einmal hatte es unplanmäßige Ausflüge beim Spaziergang gegeben und wieder einmal stritten wir deswegen. Ich schlug vor, die gesamte Erziehung alleine zu übernehmen, allerdings mit der Folge, dass Rainer sich völlig heraushalten müsse, was für ihn keine Option war. So versuchten wir erneut, einen Konsens zu finden, der es sowohl ihm als auch mir ermöglichte, gut mit der Situation umzugehen. Nach mehreren Versuchen gaben wir es auf. Wir bekamen es zusammen einfach nicht hin und einigten uns darauf, dass Rainer für Ella zuständig war und ich für Finn. Meine Aufgabe war nun, interessanter für Finn zu sein als Ella. Ich fand, da kam eine riesige Herausforderung auf mich zu, außerdem waren wir bereits 80 Prozent umgezogen, die Jagd-Auszeiten, die uns das Stadtleben bescherte, waren also überschaubar und das Problem wurde zunehmend dringender!

Da ich mit der gelernten, vor allem aus einem Tabu bestehenden Erziehung nun wirklich keine nennenswerten Erfolge erzielt hatte, begann ich, mich auf der Hundetrainerszene – erst einmal im Internet – zu tummeln. Einige von ihnen haben Bücher geschrieben und so bekam ich einen kleinen Einblick in die Art und Weise, wie diese Menschen mit ihrem hündischen Begleiter umgingen.

Parallel dazu nahm ich an einem Wochenendseminar einer Trainerin teil, die ähnlich wie meine favorisierte Trainerin in Berlin arbeitet. Es war das erste Mal, dass ich Finn ganz alleine hatte und es war himmlisch. Bei dem Seminar traf ich auf wirkliche „Problemhunde". Es waren Hunde dabei, die von früh bis spät bellten, welche, die bissen, welche, die wie verrückt an der Leine zogen... bereits in der Vorstellungsrunde relativierten sich meine Themen zusehends. Die drei Trainer hatten ein wunderbares Händchen für Hunde und alles in allem war ich sehr angetan.

Die Methode war im Grunde einfach: Dem Hund wird beigebracht, bestimmte Grenzen zu respektieren und einzuhalten, dem Menschen wird beigebracht, diese Grenzen zu setzen, klar zu kommunizieren und sie vor allem auch konsequent zu vertreten. Es wurde mit einer schmerzfreien, aber eindeutigen Form der Korrektur gearbeitet, die ich grundsätzlich nachvollziehen konnte. Allerdings wurde diese Korrektur immer in der gleichen Stärke vollzogen, die Begründung dafür leuchtete mir zwar ein, aber meinem eher sensiblen Hund entsprach diese Form für mein Gefühl nicht ganz – und mir in diesem Punkt auch nicht. Es wurden sehr kleine „Vergehen" genauso geahndet wie größere, die Begründung lag in der Annahme, dass die Unterscheidung in kleine oder große Vergehen eine menschliche Wertung und kein hündisches Maß war. Und eine klare Ansage gleich zu Beginn ersparte viele „kleine" Ansagen unterwegs. Ziel war, dass die Hunde begannen, nicht mehr ihren eigenen Kopf durchzudrücken, sich stattdessen an ihre Halter wendeten und auf sie achteten. Der Erfolg stellte sich ziemlich schnell ein und sprach eindeutig für sich, aber war das *unsere* Form der Kommunikation? Ich war unsicher und fühlte mich nicht gut bei dieser Art der Korrektur, erst recht nicht, wenn ich in die Augen meines Hundes sah.

Das Schönste an dem Seminar war die entspannte Zeit mit Finn. Wir schliefen in unserem VW-Bus, dem wir eine sehr bequeme, große Liegefläche verpasst hatten, auf einem

Campingplatz, der inmitten einer Seenlandschaft lag. Finn benahm sich vorbildlich, raste nicht wie eine wilde Wutz durch die Gegend, er blieb bei Spaziergängen ohne besondere Ansagen in meiner Nähe, ich konnte ihn sogar einmal abrufen, als er dann doch kurz einem flüchtenden Reh einige Meter hinterher hetzte. Ich rief meinen Schlachtruf, einen sehr lauten und besonderen Ruf, den ich einsetzte, wenn es wirklich dringend war, er blieb stehen, sah mich an... und kam zurück! Ich war völlig aus dem Häuschen, sollte es wirklich so einfach sein? War er alleine so leicht zu nehmen und nur im Zusammensein mit Ella schwierig? War vielleicht sogar Ella das Problem und nicht Finn? Überlegungen in dieser Richtung brachten mich nicht weiter, Ella war da, sie gehörte zu uns und das einzige Problem, das wir hatten, war der unterschiedliche Erziehungsstil, mit dem Rainer und ich jeweils „unseren" Hund erzogen. Im Grunde war *ich* das Problem, denn ich war jedes Mal angespannt, wenn Ella so viel durfte, was für mein Gefühl ihrem Jagdtrieb Vorschub leistete. *Mein* Problem war auch, das Rainer manches so anders sah als ich und immer wieder die Gefahr in Kauf nahm, dass sie losraste und ein Tier hetzte, auch wenn das zum Glück nicht mehr täglich vorkam. Mit Finn alleine gab es dieses Thema nicht, wir liefen gemütlich des Weges, ich fühlte mich mit ihm verbunden und er hatte gar kein Interesse, sich weiter von mir zu entfernen oder gar auf- und davonzumachen.

Abends im Restaurant lag er friedlich unter dem Tisch und schlief. Er verteidigte nicht unseren Platz, positionierte sich auch nicht als Wachhund, sondern ließ mich auf uns beide aufpassen. Er war ein Hund, der seinen Menschen begleitete; und in dem Moment fragte ich mich, wo eigentlich mein Problem war. Wir hatten ein paar wirklich schöne Tage, ich sah bei einem unserer Spaziergänge in dieser wundervollen Seenlandschaft den ersten und bisher einzigen Riesenschwarm von Vögeln, die über einem See wie ein großes Ganzes immer wieder drehten und wendeten. Ich schaute gebannt diesem Treiben zu und es war, als würde sich Gott in Gestalt dieses Schwarmes offenbaren. Es war ein Bild der Einheit, ein unglaubliches, erhabenes, wunderschönes Schauspiel, das mir die Tränen in die Augen trieb und das ich niemals vergessen werde. Ich konnte eine halbe Stunde nur diesem Schwarm zusehen, ohne nach Finn schauen zu müssen. Er schnüffelte hier und dort, war immer in meiner Nähe und legte sich irgendwann zu meinen Füßen ab und wartete auf mich, bis wir irgendwann weitergingen. So machte das Zusammensein Spaß und es gab mir die Idee, wie es sein könnte, wenn wir gemeinsam einen Weg fänden. Ich hoffte sehr, dass dieser Weg auch der von Ella und Rainer sein würde.

Wieder zu Hause zehrten wir noch lange von diesem verlängerten Wochenende. Die gelernte Methode wendete ich nur in Teilen an, dennoch war vieles entspannter geworden. Wir waren einige Zeit später noch einmal gemeinsam mit beiden Hunden auf einem Wochenendseminar dieser Trainerinnen und auch diesmal war es sehr beeindruckend – und auch diesmal spürte ich, dass es eine wirksame und gute Art war, mit Hunden zu sein. Und es bestätigte sich, dass diese Art mir leider nicht ganz entsprach, obwohl ich mit vielen Aspekten dieser Arbeit eine Menge anfangen konnte und mir auch vieles klarer geworden war. Ein großer Pluspunkt war auch, dass stets betont wurde, dass es sich um die Erfahrungen der Trainerinnen handelte, die keineswegs auf alle Hunde oder alle Menschen zutreffen mussten. Es wurde deutlich gemacht, dass die beste Methode im Umgang mit einem Tier die war, die aus dem eigenen Herzen und der eigenen Intuition kam. Die Suche ging also weiter und hatte sich gleichzeitig auch verändert. Ich begann nach Methoden zu suchen, die mir entsprachen und zu denen ich vom Herzen her Ja sagen konnte. Aber auch dafür musste ich noch ein paar Frösche küssen...

FRÖSCHE

Die Methode der positiven Verstärkung mithilfe von Leckerlis überzeugte mich nicht wirklich, dennoch begann ich, in Situationen, die mir wichtig waren, mit positiver Verstärkung zu arbeiten. Ich überlegte erst einmal, was für den jeweiligen Hund eigentlich eine positive Verstärkung war. Bei Ella war es einfach alles, was mit Futter zusammenhing. Bällchen fand sie blöd, Zerrspiele meistens auch, ins Wasser ging sie nur zur Not. Für sie wären also das Dummy und die Futtersuche eine gute positive Verstärkung. Finn mochte Leckerlis auch, aber wirklich wichtig war ihm sein Ball. Und zwar ein ganz bestimmter! Ich musste also aufpassen, denn er hatte durchaus die Anlagen für einen Balljunkie. Aus diesem Grund boten wir das Ballspiel auch nur sehr dosiert an. Außerdem können Jagdtendenzen mit einem Ball gefördert werden, auch hier war Vorsicht geboten.

Als Unterstützung nahm ich mir einen Clicker und das erste Mal hatte ich das Gefühl, ich hatte ein Werkzeug in der Hand, das gänzlich unabhängig von meinen Nerven und Launen war und zumindest zu Beginn mehr oder weniger gut funktionierte. Beide Hunde erhöhten ihre Aufmerksamkeit mir gegenüber um ein Vielfaches und manches klappte tatsächlich schnell und gut. Meine schlechte Körpersprache und meine unklare Kommunikation wurde jetzt ein Stück weit durch den Clicker kompensiert. Wir clickerten beide wild um uns herum. Ich hatte mich über das Wie schon recht intensiv belesen, Rainer schaute aber einfach auf mich und machte es so, wie er dachte. Hm, wieder einmal eine suboptimale Umsetzung eines neuen Erziehungsprogramms. So clickerte er oft zu spät oder zweimal oder gar nicht und die Hunde standen wieder vor dem Rätselrate-Dilemma, das sie bereits aus den vielen unklaren Wortsalven der Vorzeit kannten. Vielleicht war ich auch einfach zu pingelig, auf jeden Fall bat ich ihn, die Clickerei mir zu überlassen, damit die Methode wenigstens eine Chance auf Erfolg hatte. Da er das Ganze sowieso nicht so klasse fand und es nur mir zuliebe mitmachte, war er damit einverstanden und so clickerte ich und er machte es auf seine Weise, ohne Clicker.

Eine Trainerin sagte einmal, Hunde wüssten, genau wie Kinder, was sie sich beim jeweiligen Menschen erlauben könnten. Vielleicht war es auch einfach nur eine Ausrede für mich, dass die Dinge nicht funktionierten, weil Rainer nicht mitzog? Immer wieder fühlte ich mich als Opfer: Ich las und probierte und machte und tat, und er ging völlig unbekümmert des Weges und wenn die Hunde Dinge taten, die in der Menschenwelt nicht so gut ankamen, war es schlicht Pech. Er stand ziemlich entspannt über den Dingen und scherte sich nicht darum, was andere Menschen von ihm oder unseren Hunden dachten. Manchmal beneidete ich ihn. Mir war es jedes Mal peinlich, wenn unsere Hunde sich daneben benahmen, und mir fehlte es gänzlich an dieser selbstsicheren Grundhaltung, die ihm zu eigen war. Wie dem auch sei, wir kamen immer mehr überein, dass jeder es so machte, wie es ihm entsprach. Da wir sowieso schon bei „mein Hund, dein Hund" angekommen waren, war das nur eine folgerichtige Entscheidung. Nun mussten unsere Hunde eben flexibel sein, es gab keine einheitlichen Regeln.
Wir stellten fest, dass beide doch durch die Clickerei ziemlich viel Futter bekamen und aus Ella wurde schon ein kleiner, freudiger Mops. Finn sah man Schwankungen in der Futtermenge nicht an, ich weiß bis heute nicht, wie viel er

fressen müsste, um dick zu werden. Wahrscheinlich ist seine innere Nervosität, die mit einem erhöhten Stoffwechsel gekoppelt ist, die Ursache für sein Essenkönnen-ohne-Folgen. Das Einführen von Leckerlis als Bestätigung war schnell getan, das Ausschleichen erforderte dagegen schon wieder mehr Disziplin und wirkliche Themen, wie das Ausrasten beim Anblick von Nachbarhunden oder das Jagen, ließen sich damit für mich nicht lösen. Ich wollte auch nicht eine Abhängigkeit von Clicker und Futter aufbauen, also begann ich, das Ganze wieder ein wenig auszuschleichen, mit dem Resultat, dass sich nicht nur Ellas Gewicht dezimierte, sondern auch die Kooperationsbereitschaft beider Hunde. Außerdem war ich zwar konsequenter als Rainer, aber wirklich lange hielt ich solche Dinge auch nicht durch, erst recht nicht, wenn mir die hundertprozentige Überzeugung fehlte. So ging ich los und vergaß den Clicker, oder die super Leckerchen waren alle und die anderen hatten nicht so einen durchschlagenden Erfolg, oder wir waren einmal außer Plan unterwegs und es fehlten sowohl Leckerlis als auch Clicker. Es fing prima an, aber es endete damit, dass es mich nervte und ich es immer weniger einsetzte.

Rainer meinte, da wäre seine Methode, nämlich die Rainer-Methode, doch besser als all mein angelesenes Zeug, denn er würde wenigstens nicht jede Woche eine neue Erziehungs-Sau durchs Dorf treiben, sondern wäre immer gleich, wenn auch etwas konfus, aber eben gleich-konfus - ich konnte ihm nicht widersprechen.

AUFS LAND

Die Zeit in Berlin verging und irgendwann war es soweit: Wir zogen mit unserem restlichen Hab und Gut ins Wendland. Unsere Wohnung hatten wir an eine Studenten-WG untervermietet. In meiner Praxis gab es die letzte Klangmeditation, eine Veranstaltung, die ich über viele Jahre einmal im Monat angeboten habe und die sich regen Zulaufs erfreute. Patienten sah ich vermeintlich zum letzten Mal, von Freunden verabschiedeten wir uns für eine kurze Zeit, denn regelmäßige Besuche waren geplant. Die Wohnung bestand nur noch aus Kisten und die Packerei entpuppte sich immer mehr als eine Plackerei. Wie erwähnt, musste vieles vorerst untergestellt, verkauft, verschenkt oder entsorgt werden. Die Hunde hielten sich tapfer und obwohl es sich wirklich nicht um einen Zustand handelte, den Finn besonders schätzte, hielt er sich wacker und dank des homöopathischen Mittels konnten er und wir die Zeit mit relativ wenigen Kratzattacken überstehen. Alles, was die Wohnung gemütlich machte, hatten wir bereits in den letzten Monaten ins Wendland geschafft. Langsam wurde es Zeit, dass auch die letzten Sachen ihren Platz fanden, wir uns ins Auto setzten und endlich dem Landleben entgegenfuhren. Am letzten Morgen übergaben wir die Schlüssel unseren Untermietern, das Auto war bis auf die letzte Lücke gefüllt und wir machten uns auf den Weg in ein neues Lebensexperiment: das Leben auf dem Land.

Im Wendland angekommen, waren wir erst einmal fix und fertig, aber auch guter Dinge und frohgemut. Der einzige Wermutstropfen war die Nachbarin, aber wir gingen fest davon aus, dass sich alles einspielen würde, wenn wir erst

einmal ganz dort wohnten. Die anderen Nachbarn freuten sich über den Zuwachs und als wir eintrafen, wurden wir mit Luftballons, Gartenrose, Biokräckern, einem schönen Wendlandbildband und einem großen Hallo von einigen begrüßt. Ella bekam einen Knochen von Kumpel Harry, das Frühjahr stand vor der Tür und jetzt käme endlich Ruhe in unser Leben. Wunderbar... dachten wir!
Ganz so war es natürlich nicht, viele Probleme, die wir vorher nur zeitweise hatten, hatten wir jetzt den ganzen Tag. Dazu gehörte die Ausflugslust unserer Hunde, die immernoch ungebrochen war. Etwa einen Monat, nachdem wir unsere Zelte in Berlin abgebrochen hatten, meinte ein Freund und Nachbar zu unserem Zaunproblem ganz lakonisch: „Das ist doch einfach, du nimmst ein Netz und einige Monierstangen, spannst das Ganze um das Grundstück herum und fertig!" Verdutzt sah ich ihn an. Himmel, was für eine einfache Lösung! Gleich machte ich mich auf die Suche nach stabilen Netzen vom Meter. Aufgrund der Größe unseres Grundstücks brauchten wir ungefähr 120 Meter. Das Ganze war nicht nur simpel, sondern auch effektiv, und mit 500 Euro ausgesprochen günstig. Durch ein Netz kann man prima hindurchsehen, besser noch, ist es schwarz, sieht man es fast nicht und doch hält es unsere Hunde auf unserem Grundstück. Und wir bauten uns trotz einer Zaunhöhe von 1,80 Meter nicht ein wie Fort Knox. Ich fand Volierennetz im Internet und Moniereisen, die uns zugeschnitten werden konnten, bei einem hiesigen Baustoffhändler. Rainer klopfte die Stangen alle fünf Meter 60 Zentimeter tief in den Boden und ich verband jede dieser Stangen mit Hilfe mehrerer Kabelbinder mit den bereits vorhandenen Holzpfosten. Als das Netz dann endlich geliefert wurde, begann ich, jede Monierstange

akribisch durch das Netz zu fädeln, dieses zu spannend und zur nächsten Stange zu ziehen, um auch diese einzufädeln. Auch hier kamen Kabelbinder herum, um das Ganze wirklich festzuzurren, zu spannen und zu stabilisieren. Am unteren Ende tackerte ich das Netz an das Holz des Ursprungszauns. Kurzerhand entfernte ich unsere künstlerisch wertvollen Zaunerhöhungsversuche. Es war eine ziemliche Schinderei aber nach zwei Tagen war ich fertig. Rundherum war ein 1,80 Meter hohes Netz und unten ein Holzzaun. Alles fest, kaum zu sehen und ohne Schlupflöcher. Die einzigen Sollbruchstellen stellten im Moment die beiden Gartentore hinten und vorne dar. Ich war nicht sicher, ob mein Konstrukt dort so instabil bleiben konnte, aber vorerst würde es seinen Dienst erfüllen. Die Hunde konnten endlich ungestört und unbeaufsichtigt in den Garten und wir mussten nicht jede Minute hinausrennen, um zu schauen, ob sie noch da, oder schon wieder auf Trebe waren.

Ich wollte das Netz noch mit kleinen Plastikfähnchen aus zerschnittenen Mülltüten versehen, sodass die Hunde sehen: Ahh, da ist jetzt eine Begrenzung! Nach und nach, und mit wachsender Gewöhnung aufseiten der Vierbeiner, sollten dann die Fähnchen, die wirklich kein optisches Highlight waren, wieder entfernen werden. Ich war gerade dabei, die Plastikstreifen aufzuhängen, da öffnete Rainer, ohne auf die Hunde zu achten, die Haustür. Jetzt konnte nichts mehr passieren, das gesamte Grundstück war ausbruchssicher. Finn raste aus dem Haus, lief nach alter Gewohnheit zum hinteren Gartentor, setzte zum Sprung an und bretterte gegen das - zugegeben - etwas provisorisch befestigte Netz, das noch keine Fähnchen hatte. Die Holzlatten, die das Netz hielten, brachen, die Tür hing auf halb acht und mein Hund verschwand um die Ecke zu seiner 100 Meter entfernten derzeitigen Lieblingsnachbarin, die ihn zu Beginn seiner Zeit bei uns immer gefüttert hatte.

Ich musste mich schütteln, um wirklich zu sehen, was ich sah, und landete umgehen in einem Bad der Gefühle: stinkend wütend, total verzweifelt, völlig fertig, durch die Plackerei der letzten Monate sehr erschöpft und unendlich traurig. Rainer holte Finn, ich machte die Fähnchen weiter an die 120 Meter Zaun, ungefähr zehn Stück auf zwei Meter....

In der Nacht holten mich dann die Anspannungen der letzten eineinhalb Jahre ein. Mir liefen die Tränen wie Sturzbäche und ich konnte nicht mehr aufhören zu weinen. Um Rainer nicht zu wecken, schlich ich mich, mit meiner Bettdecke bewaffnet, hinunter ins Wohnzimmer und legte mich dort aufs Sofa, um stundenlang zu weinen. Kurz vorm Morgengrauen schlief ich erschöpft ein und am nächsten Tag konnte ich mich nicht bewegen. Ich weinte immer noch, wusste schon gar nicht mehr, warum eigentlich, und sah mich außerstande, mich auch nur bis zur Toilette oder zum Telefon zu bewegen. Es ging nichts mehr, meine Kraft, sowohl physisch als auch psychisch, war am Nullpunkt. Ich hatte alle Anzeichen eines klassischen Nervenzusammenbruchs.

Den ganzen Tag lag ich auf dem Sofa und rührte mich nicht von der Stelle, ich weinte und schluchzte, dann ging es wieder einige Zeit gut, bis ich erneut grundlos in Tränen ausbrach. Rainer überforderte die Situation, er fühlte sich einerseits schuldig, wusste andererseits aber nicht, wofür. Er nahm die Hunde und machte eine große Tour mit ihnen, derweil ich mich meinem Unglück hingab. Rainer fand eine Lösung für die Tore und weder Finn noch Ella sprangen jemals wieder über den Zaun.

Am nächsten Tag konnte ich langsam aufstehen, die Bewegungslosigkeit war vorbei und doch wusste ich, dass der liebe Gott mir einen sehr deutlichen Hinweis gegeben hatte und ich dringend etwas ändern musste. Ich sprach mit Freundinnen aus Berlin und ich sprach mit Rainer und erklärte ihm, dass ich mich außerstande sähe, in der Zukunft so vieles alleine zu tragen. Ich hatte den größten Teil unseres Umzugs gestemmt, sämtliche Hundethemen seit eineinhalb Jahren fast alleine mehr schlecht als recht zu lösen versucht, unser ganzes gemeinsames Leben organisiert, Praxis gemacht, Bücher geschrieben, Schülern das 1x1 des Heilpraktikers beigebracht. Rainer sorgte im Gegenzug dafür, dass wir finanziell absolut unbesorgt sein konnten, was mir viel Sicherheit gab, denn trotz der vielen Arbeit waren meine Finanzen immer eine Wackelpartie. Ich kannte in meinem Leben sowohl finanziell üppige als auch ausgesprochen dünne Zeiten. Ich wusste (und weiß bis heute) diese Sicherheit zu schätzen und war ihm sehr dankbar, zumal ich wusste, dass ihm dieser Part nicht immer leichtfiel. Dennoch hatte unser Leben viele Facetten und meine Kraft war am Ende.

Bach-Blüten, weitere Gespräche mit Rainer, Freunden und vor allem meinem Lehrer aus der anderen Dimension, ein Besuch bei einem begnadeten Osteopathen und eine gute Pflanzenmischung brachten mich langsam wieder auf die Beine.

Dennoch dämmerte mir, dass ich mit Kontrolle und Perfektionsdrang nicht weiter käme. Grundlegendes mussten wir ändern, ich wusste sehr wohl, dass ich eine fette Warnung erhalten hatte, die es tunlichst zu beachten galt, sonst schlitterte ich in eine handfeste Depression.

ÜBERLEGUNGEN

Dass sich durch den Umzug ins Wendland die Themen, die mich beschäftigten, von alleine lösen würden, war natürlich utopisch, so weit hatte ich das Leben auch begriffen. Bei allem, was wir tun, nehmen wir uns selbst mit, ich sollte also schauen, was genau sich ändern müßte, damit wir alle mehr Frieden und Leichtigkeit in unserem Leben hätten. Ich hatte immer noch nicht angefangen, einem konsequenten Erziehungsstil zu verfolgen, und irgendwas in mir wehrte sich auch gegen das Konzept von *Erziehung*. Besagte erste Hundetrainerin war nur noch per Email erreichbar, andere mit einem ähnlichen Konzept waren nicht in Sicht, erst recht nicht im Wendland. Wir hatten in einer hiesigen Hundeschule einen mehrteiligen Dummykurs gemacht, der ganz nett war, aber mehr auch nicht. Außerdem hatten wir uns im Laufe der Zeit weitere Trainer angesehen, aber von keinem waren wir wirklich überzeugt. Eine klare Linie war weit und breit nicht zu sehen. Finn und Ella hatten eine klare Führung verdient und nicht so ein Gewurschtel, wie wir es an den Tag legten.

Ich musste mir über einige Dinge Klarheit verschaffen: Was wollte ich von meinen Hunden? Was sollten sie tun, und was bitte lassen? Welche Grenzen hatte ich und welche hatten sie? Wo erwartete ich Unhündisches von ihnen, wo Unmenschliches von mir oder Rainer? Bei welchen Themen wollte ich etwas erreichen, was *mir* gar nicht wichtig war, von dem ich aber annahm, dass *andere* es von mir und vor allem von meinen Hunden erwarteten?

Ich begann, vor allem der letzten Frage nachzugehen. Wollten Menschen unsere Hunde streicheln, bat ich sie jetzt, bitte darauf zu verzichten. Wollte Finn gestreichelt werden, ging die Initiative von ihm aus, umgekehrt hatte ich nie das Gefühl, dass er das Streicheln von Fremden auf der Straße besonders schätzte, vielmehr nahm er es geduldig hin. Und ich schützte ihn nicht vor diesen Übergriffen, weil die Menschen so nett fragten! Ella lief gerne zu Kindern, aber auch das wurde mit der Zeit weniger und auch sie brauchte unseren Schutz vor fremden Händen und fremden Köpfen, die sich über sie beugten und quietschten „Du bist aber süüüüß". Ich erklärte also großen und kleinen Menschen, dass meine Hunde nicht gestreichelt werden wollten und schützte beide fortan vor Übergriffen, derer sie sich zwar erwehren konnten, aber nicht durften.

Wollten Menschen ihnen Leckerlis geben, erklärte ich, sie wären allergisch und sie sollten bitte Abstand davon nehmen. Das wirkte wunderbar und ich ärgerte mich, dass ich auf diesen einfachen Trick nicht früher gekommen war – es hätte uns allen vieles erspart.

Kamen uns Hunde entgegen und spürte ich, dass Finn unsicher wurde, nahm ich ihn aus der Schusslinie, lief zwischen ihm und dem anderen Hund und machte zusätzlich einen großen Bogen – auch wenn die anderen Hunde Kontakt wollten. *Mein* Hund wollte nicht, und nur das zählte jetzt für mich.

War es wirklich so schlimm, wenn Hunde einmal eine Zeit lang bellten? Es war ihr Job uns zu informieren, wenn sich Menschen dem Haus näherten. Das Thema war also nicht *ob*, sondern nur *wie lange* sie anschlugen. Welche Maßnahmen unsererseits mussten ergriffen werden, damit sie uns die Kompetenz abnahmen, den Rest dann alleine zu meistern? Ich rief also nicht mehr nur von der Tür aus, dass es in Ordnung war, wenn sich jemand dem Grundstück näherte, sondern ich ging zu ihnen, bedankte mich und signalisierte, dass ich den Rest übernehmen würde oder ich erklärte ihnen, warum keine Gefahr droht. Ich konnte die Skepsis in den braunen Hundeaugen förmlich auf mir spüren – diese Kompetenz wurde mit schlichtweg abgesprochen. Im Rückblick war der Grund dafür klar: Die Angst vor den Reaktionen der Nachbarin war so allgegenwärtig, dass ich nicht die kompetente und souveräne Ruhe ausstrahlte, die eigentlich nötig gewesen wäre. Stattdessen versuchte ich hektisch, wider besseren Wissens, die Hunde zur Ruhe zu bringen, damit wir nicht wieder angekeift und mit Musik beschallt würden. De facto gelang mir das nie, denn die Reaktion der Nachbarin folgte in der Regel bereits nach den ersten zwei bis drei Lauten. Hier war mir die nötige Änderung also theoretisch klar, praktisch konnte ich sie nicht umsetzen, weil es mir nicht gelang, mich von dieser Frau abzugrenzen.

Eigentlich wollte ich keine Befehlsempfänger, und dennoch wäre ich immer mal wieder begeistert gewesen, wenn wir welche gehabt hätten! Irgendetwas zwischen meinem Bild von mir und meinem tatsächlichen Wesen war da gehörig im Ungleichgewicht. Einerseits wollte ich authentische, stolze und eigenständige Hunde – aber wehe, sie waren eigenständig, authentisch und stolz, dann brach ich in Tränen aus und fühlte mich überfordert. War nicht der unperfekte Hund, der mich infrage stellte und mich stetig herausforderte, genau der, der zu mir passte? Hatte ich mich nicht gelangweilt, als ich einen perfekten und menschenkompatiblen Hund für kurze Zeit in Pflege hatte? Waren es nicht genau diese Eigenheiten, die mein großes Sensibelchen und meinen kleinen Wirbelwind so unglaublich liebenswert machten? Natürlich war es bequemer, einen menschenkompatiblen Hund zu haben, alle waren begeistert, wenn er brav unterm Tisch lag, keinen Mucks von sich gab, Rehe mit Missachtung strafte und bei Hasen milde lächelte. Aber passte so ein Hund zu mir und zu uns, in unser Leben? Hatte ich denn ein perfektes Leben? War ich so menschenkompatibel, wie ich es von meinen Hunden erwartete? Wohl eher nicht. Ich habe alles andere als einen geraden Lebensweg hinter mir, bin ungeduldig, nachtragend und unordentlich. Ich hatte oft in meinem Leben Schwierigkeiten mit Autoritäten, war bockig und habe früher meist gemacht, was ich wollte, unabhängig von dem, was andere von mir erwarteten. Warum billigte ich diese Individualität meinen Hunden nicht zu? Ich war eigenständig, freiheitsliebend, manche Menschen würden mich als unkonventionell beschreiben und ich hatte meist genaue Vorstellungen davon, was ich wollte und was nicht. Genauso waren unsere Hunde. Das sich mit den Hunden eine Seite an mir herauskristallisierte, die Angst hatte, anzuecken und den Vorstellungen anderer im Umgang mit meinen Hunden entsprechen wollte, dafür konnten die Hunde nun wirklich nichts. Wir hatten diesen Hunden nicht zufällig die Türen in unser Leben und unser Herz geöffnet und es galt herauszufinden, wie wir vier Individualisten unsere Lebensgemeinschaft auf gesunde und für alle lebenswerte und stabile Füße stellen konnten.

LEHRZEIT

Ich sah mich wieder einmal in der Hundeszene um und las viele Bücher, aber anders als zu Beginn. Wo ich mich noch vor einigen Monaten an jedem Strohhalm festgehalten und alles ausprobiert hatte, empfand ich jetzt manche als überflüssig, in anderen fand ich für mich überzeugende Ansätze, wieder andere sprachen mir aus der Seele. Ich traf immer wieder darauf, dass unsere Hunde uns spiegelten, unsere Themen aufzeigten und uns häufig in unserer Entwicklung unterstützten. Das kannte ich doch? Wie vielen Hundert Klienten hatte ich in meiner Praxis geholfen, den Spiegel in ihren Beziehungen oder ihrer Arbeit zu erkennen. Es war immer wieder interessant, wie groß die Diskrepanz von dem war, was ich wusste und womit ich andere Menschen in meiner Praxis gut helfen konnte, und wie wenig ich in der Lage war, mein Wissen in meinem eigenen Leben anzuwenden. Dieses Phänomen ist häufig: Mit der Distanz und der Professionalität als Heilpraktikerin „sah" ich die Themen bei meinen Klienten relativ schnell und deutlich. Für meine eigenen Themen bedurfte es eines langen Weges und Finn begleitete mich auf diesem Weg, treu, beharrlich und konsequent. Er stupste regelmäßig meine Schwachpunkte an. Meine Ungeduld zum Beispiel, mein „Everybody's-darling-sein-Wollen", mein „alles-im-Griff-haben-Wollen", die Angst vor Auseinandersetzungen, vor der Unperfektion, vor dem Fehlermachen oder vor dem nicht-geliebt-werden. Er lehrte mich zu verzeihen, statt nachzutragen (was Hunde perfekt beherrschen), sich einzulassen, ohne sich zu verlieren, sein Herz zu öffnen, einfach so, ohne Erwartungen, ohne Angst und in der Freude des gemeinsamen Lebens und Miteinanders.

Ich dachte darüber nach, warum meine Hunde jede Gelegenheit nutzten, sich auf und davon zu machen. Wir waren an dem Punkt, an dem ich Finn anleinen musste, wenn er das, direkt am Haus, aber nicht auf unserem Grundstückst stehende Auto, verlassen sollte. Wir liefen Gefahr, dass er unangeleint mit unglaublicher Geschwindigkeit die bevorzugten Futterstellen bei den Nachbarn aufsuchte, um dann zehn Minuten später freudig wieder am Zaun zu stehen. Ellas Drang zum kleinen Siedlungsgang war schon legendär und wir wurden gefragt, ob mit ihr alles in Ordnung war, wenn Nachbarn sie zwei Tage nicht durch die Siedlung streifen sahen. Aber was hatte das mit mir zu tun? Mit Nachdenken kam ich nicht weiter. Was riet ich doch gleich meinen Klienten? Ach ja, „Schau, was es mit dir macht. Welches Gefühl herrscht vor? Schau, inwieweit du wegläufst. Trau dich, unperfekt zu sein, steh zu deinen Themen." Langsam, ganz langsam tastete ich mich vor an dieses Thema, öffnete mein Herz dafür, nahm mir den Raum und die Zeit, die Antwort war nicht „mal eben" zu bekommen, es bedurfte der Ehrlichkeit und auch Größe, seine ungeliebten Teile anzuschauen, die man gerne hinter einem schillernden Äußeren versteckt.

Das Gefühl, das sich meiner bemächtigte, wenn Finn jede Gelegenheit nutzte, um zu türmen, war: Ent-täuschung; ich gab mir so viel Mühe und er lief weg. Dazu kam das Gefühl, er wollte nicht bei mir sein. Ich nahm sein Verhalten persönlich.

Langsam bahnte sich ein Teil meiner Vergangenheit einen Weg durch den Dunst meiner Erinnerungen. Damals, vor über 20 Jahren, bin ich weggelaufen, um einen Teil von mir zu finden, den ich in der Situation, in der ich mich befand, nicht hätte finden können. Es war ein unbändiges Gefühl, das so stark wurde, dass ich nicht anders konnte, als zu gehen. Es war das Gefühl von Leben und Freiheit und obwohl ich eine große Verantwortung im Leben übernommen hatte, gab es für mich keinen anderen Weg. Meiner Verantwortung bin ich trotzdem nachgekommen, einer Auseinandersetzung mit dem Thema allerdings lange Zeit aus dem Weg gegangen und nie habe ich die Worte ausgesprochen, die beschrieben, was damals passiert ist: Ich bin weggelaufen.

Nachdem ich meinen Anteil an dem Dilemma erkannte, änderte sich das Verhalten unserer Hunde. Die Ausflüge zumindest von Ella wurden massiv weniger, inzwischen konnte das Gartentor aufstehen und sie blieb, wo sie war. Finns Ausflugslust ist noch nicht ganz gestillt, aber auch das hat sich sehr entspannt. Irgendwann werde ich das nächste Thema finden, dass er mir mit seinen seltenen Ausflügen noch zeigen will.

EIN RUDEL

An einem Tag im Frühling, Finn war etwa eineinhalb Jahre bei uns und wir lebten seit kurzem fest im Wendland, verbrachten wir alle gemeinsam einen Nachmittag an der Elbe. Dort gab es eine kleine Halbinsel, auf die sich weder Hase noch Reh verirrten und genau das machte diesen Ort für Mensch und Hund so angenehm. Das ist nicht zu vergleichen mit einer Hundewiese im Park einer Stadt. Es kommt vor, dass man dort auf einen weiteren Hund nebst Mensch trifft, manchmal gibt es sogar zwei oder drei Hundebegegnungen, was für das Wendland fast schon einer Hundeinvasion gleichkommt. Rainer warf den Ball für Finn etwas abseits von uns ins Wasser und ich versteckte für Ella ihren Lieblingsdummy, als Ella und ich einen entsetzten Schrei hörten. Beide blickten wir auf und sahen, dass Rainer den Ball aus Versehen ein wenig zu weit und somit in die Strömung der Elbe geworfen hatte und Finn freudig hinterher gesprungen war.
Die Elbe hat Buhnen, eine Art Einbuchtungen, in denen die Strömung nicht sehr groß ist. Außerhalb dieser Buhnen ist das Schwimmen für Mensch und Tier durch die Strömung gefährlich und jedes Jahr geschehen tödliche Unfälle. Rainer wollte Finn zum Umkehren bewegen, aber Finn hätte *seinen* Ball nie kampflos der Strömung überlassen. Er schwamm begeistert weiter Richtung Ball und Rainer rutschte das Herz in die Hose. Sekunden nach seinem Aufschrei raste Ella die 100 Meter an die Elbe, sprang ins Wasser und schwamm ihm mit einer unglaublichen Entschlossenheit und Geschwindigkeit hinterher, holte ihn ein, als er gerade seinen Ball erreichte und am Rand der Buhne ankam. Sie schnitt ihm den Weg ab und zwang ihn so zur Umkehr. Sie

flankierte ihn bis zum Ufer, kam grinsend wieder an Land, schüttelte sich und suchte ihr verstecktes Dummy weiter. Rainer und ich standen sprachlos daneben. Diese kleine Maus hatte die Situation sofort erfasst, Rainers Panik gespürt und, obwohl Wasser wirklich nicht ihr Lieblingselement ist, war sie kopfüber in die Elbe gesprungen, um Finn zu retten. Wir waren den Tränen nahe, aber diesmal nicht aus Verzweiflung.

EINLASSEN UND VERTRAUEN

Im Gegensatz zu uns haben Hunde keine Chance sich zu überlegen, ob sie sich auf uns einlassen, bei uns bleiben und gemeinsam mit uns leben möchten. Ihnen bleibt schlicht nichts anderes übrig, denn sie verbringen ihr Leben mit uns und fragen sich nicht, ob sie es besser hätten treffen können, andere Menschen vielleicht besser zu ihnen passen würden oder sie lieber woanders wären. Sie sind bei uns und lieben uns, fertig. Immer wieder stellen sich Menschen die Frage, ob Tiere lieben oder nicht. Ich denke, es ist egal, wie wir es benennen. Wenn ich im Dunkeln in den Garten gehe um Holz zu holen, steht Finn auf, geht mit und bleibt stehen, bis ich wieder zurück ins Haus gehe. Dann trapst er hinterher und legt sich wieder hin.

Nein, er kontrolliert mich nicht, im Hellen gehe ich ohne Wachhund in den Garten. Wenn es dagegen dunkel ist, beschützt er mich und ich bin ihm dankbar für seine Fürsorge. Ist das Liebe, Beschützerinstinkt, Fürsorge oder purer Egoismus, weil ich sein Futterlieferant bin? Es ist einfach so, wie es ist, und ich freue mich daran.

Wenn alles gut läuft bleiben unsere Hunde bis ans Ende ihrer Tage bei uns. Während unser Leben normalerweise wesentlich länger dauert als ein Hundeleben, gibt es für sie oft kein Davor und kein Danach. Und auch dagegen können sie nichts tun. Sie fügen sich und bleiben bei uns, trotz aller Unzulänglichkeiten und Entscheidungen, die sicher nicht immer zu ihren Gunsten ausfallen. Sie lassen sich ein, auf allen Ebenen und mit jeder Faser ihres Seins. Auch hier sind sie phänomenal und uns um so vieles voraus. Kein Hund hat Angst, sich zu verlieren, wenn er sich mit Haut und Haaren an seinen Menschen bindet. Kein Hund achtet auf seine Individualität, im Gegenteil: Er achtet auf Harmonie und Gemeinschaft in seinem Rudel. Dass diese Zustände im Rudel manchmal nicht vorhanden sind, liegt an unserer unklaren Kommunikation, dem Nichterkennen der Hundepersönlichkeit und dem häufig menschlichen Versuch, Hunde gleichzumachen, ruhig zu stellen und zu beherrschen. Kein Hund zweifelt an seinem Menschen. Vielleicht versteht er uns nicht immer und agiert deshalb anders, als wir es uns wünschen, aber zweifeln?

Finns Thema in diesem Leben war Vertrauen. Was bedeutet Vertrauen für mich in meinem Leben? Diese Frage trieb mich eine Zeit lang um und es formte sich eine Idee zu etwas, über das ich noch nie wirklich nachgedacht hatte. Vertrauen bedeutet für mich, so sein zu können, wie ich bin, mich nicht verstecken oder verstellen zu müssen, mich zu trauen, unangepasst zu sein, vielleicht anders als andere mich wünschen, mich zu spüren in meiner ganz eigenen Art, in meinem Herzen zu wissen, dass ich okay bin, auch wenn ich manchmal komische Dinge machte oder Merkwürdiges von mir gab. Jemandem vertrauen heißt für mich, verrotzt und am Boden zerstört ebenso geliebt zu werden wie glücklich und überschäumend vor Lebendigkeit. War ich für Finn so ein Halt in seinem Leben? War ich geduldig und begleitete ihn durch seine Ängste und Unsicherheiten? Stellte ich mich schützend vor ihn, wenn andere sich über ihn echauffierten? Es war eine Gratwanderung, andere Menschen nicht zu belästigen und ihm dennoch seine eigene Art zu lassen, und manchmal rutschte ich von diesem schmalen Grat ab.

Oft wäre es *mein* Management, das die Situation entschärfen konnte. Konnte er mir wirklich vertrauen, in der Art, wie ich Vertrauen definierte? Vertraute ich ihm? Eines war in den letzten Monaten klar geworden: Nichts konnte seine Loyalität zu mir erschüttern. Aber hieß Vertrauen nicht auch, sich aufeinander verlassen zu können? Das konnte ich mich auf ihn noch nicht in jeder Lebenslage, und umgekehrt? Wohl auch nicht. Aber wir arbeiteten daran und ich wusste, eines Tages würde es so sein.

TAPFERKEIT

Finn war bereits etwas über zwei Jahre bei uns. Wir verbrachten Weihnachten in diesem Jahr bei dem zweiten Mann Rainers erster Frau, die im Frühjahr viel zu jung verstorben war. Das Sofa in diesem Haus war eines jener bequemen, neumodischen Teile, deren Fußteil mittels Knopfdruck wie von Zauberhand in die Horizontale fuhr. Bereits der Mechanismus an sich beeindruckte Finn schwer, denn er schaute gespannt zu, wie das Fußteil hoch und herunter fuhr. Wie immer, wenn ihn etwas wirklich sehr beeindruckte, wiegte er seinen Kopf von links nach rechts wieder nach links und es arbeitete so laut in seinem Hirn, dass wir es knistern hörten.

Heiligabend um die Mittagszeit, der Frühstückstisch war gerade abgedeckt und jeder lungerte, bewaffnet mit Buch oder Tablet in irgendeiner Ecke herum, bekamen beide Hunde eine Rinderkopfhaut zu knabbern. Unsere Höhlenmaus Ella verkroch sich mit ihrer Trophäe unter jenes gerade horizontal stehende Fußteil des Sofas, Finn lag mit seinem Schatz in seinem Korb. Unsere Hunde suchen sich für gewöhnlich ein ruhiges, gemütliches Plätzchen mit gebührendem Abstand zueinander, um ihr köstliches Highlight ungestört genießen zu können. Plötzlich schoss Finn auf und raste auf Ella zu. Leider schätzte er die Höhe des Fußteils falsch ein und rammte mit seinem Kopf genau gegen eine scharfe Metallstrebe, die den Mechanismus des Hoch- und Herunterfahrens ermöglichte. Ella knurrte ihn an, nicht bereit, auch nur einen Zentimeter von ihrer Kopfhaut abzurücken, und so ging er zurück auf seinen Platz, kaute wieder an seiner Kopfhaut und keinem von uns fiel etwas auf. Er verhielt sich völlig normal. Als ich ihn einige

Zeit später anschaute, sah ich eine Wunde, die mitten auf seinem Schädel aufklaffte. Sie blutete nicht, das Fell war aber auf einer Breite von einem halben Zentimeter wie wegrasiert und zum Vorschein kam ein fieser, glatter Riss in seiner Schädelkopfhaut. Ich schnappte nach Luft, der Hund saß da, als wäre nichts passiert, und kaute auf seiner Kopfhaut herum.

Wir riefen den Tierärztlichen Notdienst, der uns die diensthabende Tierärztin für die Region nannte. Eine Stunde später standen wir vor ihrer Praxistür. Sie schaute sich das Desaster an, meinte lakonisch, dass wir Glück hätten, dass es nicht draußen passiert wäre, denn so sei alles wunderbar sauber. Sie rasierte und desinfizierte die Wunde und machte sich beherzt daran, mit einer Art Tacker den Riss zu verschließen. Finn guckte etwas unglücklich, sagte aber kein Wort, hielt still, lehnte sich gottergeben in meinen Arm und wartete, bis die merkwürdige Frau fertig war. Auf meine Frage, warum wir ihm so gar nichts anmerkten, antwortete sie: „Das ist ein Straßenhund gewesen, oder? *Die* können sich keine Schmerzen leisten. Hunde von der Straße lernen von klein auf, hart im Nehmen zu sein und keine Schwächen zu zeigen, denn das kann tödlich enden."

Wir verließen die Praxis mit einem „Schöne Weihnachten". Als wir wieder auf der Straße waren, fiel die ganze Angst und Anspannung von mir ab, ich fing an zu zittern und heulte wie ein Schlosshund. Rainer nahm mich in den Arm, Finn schaute mich irritiert an, pinkelte einen Weihnachtsgruß an den Busch vor der Praxis und damit war das Thema für ihn erledigt.

Sogar jetzt beim Schreiben stehen mir wieder die Tränen in den Augen – Himmel, ich bin für so etwas einfach nicht gemacht.

Zehn Tage später wurden die Klammern von unserem Tierarzt wieder entfernt, übrig geblieben ist eine Narbe auf seinem Schädel, die ihn ein bisschen aussehen lässt wie Harry Potter auf vier Pfoten.

DAS NEUE HAUS

Drei Monate später waren wir wieder dabei, unsere Siebensachen zu packen. Gerade ein Jahr, nachdem wir unsere Zelte in Berlin abgebrochen und ins Wendland gezogen waren, kauften wir einen wunderschönen Resthof direkt an der Elbe. Die Gründe dafür waren vielfältig. Das Haus war für zwei dort arbeitende Personen mit zwei Hunden definitiv sehr klein und wir hatten einen unerwarteten Geldsegen, den es galt, sinnvoll anzulegen. Außerdem wurde das Zusammenleben mit besagter Nachbarin immer anstrengender, der Energieaufwand, dessen es täglich bedurfte, ihren Schikanen keine Aufmerksamkeit zu widmen, überdimensional groß. Wir machten uns mit dem Gedanken vertraut, noch einmal umzuziehen, und fanden nach relativ kurzer Zeit unser jetziges Haus. Alles war perfekt, die Vorbesitzer waren ein handwerklich begabtes und freundliches Ehepaar Ende siebzig, denen Arbeit und Größe von Haus und Grundstück über den Kopf wuchsen. Bisher wurde es von Hochwasserkatastrophen verschont und mit nur einem Nachbarn hatte es fast Alleinlage. Das Grundstück war riesig, das Haus ebenfalls, die Elbe zehn Minuten zu Fuß entfernt, direkt vor dem Haus lagen Felder, Weiden und Wald, hinten dem Haus nur noch Weiden, Deich und Marschland. Es war ein Traum.
Die Treppe, die in das obere Stockwerk führte, war so, dass auch Finn problemlos hoch und herunter kam, was in unserem kleinen Haus nicht der Fall war. Dort war die Treppe so steil, dass sie eher an eine Stiege erinnerte. Ella hatte dort eine bemerkenswerte Technik des Abstiegs entwickelt: Sie legte beide Vorderpfoten eine Stufe tiefer und rutschte auf ihrem kleinen Hintern und den Hinterpfoten

Stufe für Stufe hinterher. Dabei nahm sie gehörig Fahrt auf, so dass sie akribisch darauf achtete, langsam zu beginnen. Für Finn ging das nicht, denn er war zu groß für die schmalen, steilen Stufen, sodass wir ihn tragen mussten, was mir nur mit einem selbst entworfenen Tragebeutel gelang. Das war jedesmal eine spannende Wackelpartie, die Finn aber unerschrocken und stoisch über sich ergehen ließ. Hier konnte er also die Treppe laufen, wie er wollte, und er genoss es sichtlich. Es schien, als wollte er der ganzen Welt zeigen: Schaut her! Ich kann das nämlich eigentlich alleine! Mit wachsender Begeisterung lief er hoch und runter und hoch und runter und für ihn schien der Kauf aufgrund der wunderbaren Treppe eigentlich schon beschlossen. Wir überlegten nicht lange und sagten kurze Zeit später zu.

Die Vorbesitzer brauchten noch einige Zeit zum Ausräumen und im März 2016 hatten wir ein neues altes Haus, mit einer großen Wohnfläche auf zwei Etagen, mehreren kleinen Ställen, einer Werkstatt, einer ausbaufähigen Tenne, interessanterweise zwei Hundesalons (die Vorvorbesitzerin hatte hier eine Hundepension), einer Waschküche und neben dem 2000 Quadratmeter großen Garten noch einen zirka 600 Quadratmeter großen Sumpf, in dem andere Tiere als unsere Hunde ihr Domizil aufschlagen und ungestört ihre Jungen groß ziehen konnten.

Der Garten bestand vor allem aus Rasen, Büschen und Obstbäumen. Hier gab es ein unbegrenztes Potenzial. Wir konnten zu Selbstversorgern mutieren und Gemüse anpflanzen, Hühner, Schafe und einen Esel halten oder jede Menge Pflegehunde aus dem Tierschutz aufnehmen. Wir konnten eine Rockband gründen oder die Tenne für Seminare ausbauen.

Unsere Hunde durften, wann immer sie wollten, in den

riesigen Garten, bellten sie einmal, sagte niemals jemand auch nur ein Wort. So hatte ich mir das Landleben vorgestellt. Zugegeben, es war wesentlich lauter auf dem wirklichen Land als in unserer beschützten kleinen Siedlung, riesige Landwirtschaftgeräte fuhren manchmal vor dem Haus vorbei und es dauerte eine Zeit, bis wir uns daran gewöhnten. Aber die allermeiste Zeit hörten wir Frösche, Kraniche und Wildgänse und sahen den Schwalben beim Nestbau zu. Die Hunde lagen im Gras, Ella in der Sonne, Finn im Schatten, und wenn wir unsere Runde am Nachmittag drehten und unsere Füße in die kühle Elbe streckten, kamen wir uns vor, als wäre heute unser erster Urlaubstag.

Die Menschen überall im Landkreis waren offen für neu Zugezogene, freundlich und zugewandt, und es war egal, ob wir auf die Mitarbeiterin beim Finanzamt, den OBI-Verkäufer oder die Dame an der Ladenkasse trafen, überall gab es ein freundliches Lächeln, einen kleinen Satz oder auch einmal einen längeren Plausch. Es gab hier Initiativen jeder Art, die Menschen waren widerspenstig und wehrhaft, sie waren gut vernetzt und kannten einander – und dennoch fühlten wir uns unter ihnen nicht fremd, denn es begegneten uns viele offene Herzen, spontane Einladungen wurden ausgesprochen, die Menschen freuten sich um jeden, der sich entschloss, mit ihnen gemeinsam den Landkreis zu beleben.

Aber bevor wir umzogen, brauchte das fast 110 Jahre alte Haus eine kleine Aufhübschung. Wir planten also vier Wochen Vollzeitrenovierung ein, Buchmanuskript und Rainers Aufträge hingen für diese Zeit in der Warteschleife.

GEMEINSAM SIND WIR STARK

Auf dem Weg zwischen altem und neuem Haus lag eine kleine Hundepension. Wir planten, die Hunde in der Renovierungsphase morgens dort abzugeben und abends, auf dem Rückweg, wieder einzusammeln. Wir verabredeten einen Besichtigungs- und dann einige Tage später einen Probetermin für einige Stunden. Es gab mehrere Hundezimmer, der Zaun um das riesige Gelände war 1,80 Meter hoch und aus massivem Stahl, wir hatten ein gutes Gefühl. Im Vorfeld hatten wir bereits einige Erfahrungen mit Pensionen gemacht. Von „Bringen Sie die Hunde ins Gehege, wenn sie nicht aufhören zu bellen, gibt's ne Schüssel Wasser übern Kopf, die hören nach drei Schüsseln auf" bis zu einer wunderbaren Frau, die ein wirkliches Hundezuhause anbot, hatten wir schon einiges gesehen. Das Hundezuhause lag leider so gar nicht auf dem Weg, weshalb wir es mit dieser Pension versuchen wollten. Wir kannten inzwischen viele Menschen im Wendland, aber zwei Hunde gemeinsam woanders unterzubringen, und zwar jeden Tag vier Wochen lang, war nicht so leicht.

Wir brachten unsere beiden Mäuse also in die Tagespension zum Probewohnen und fuhren danach weiter, um Renovierungseinkäufe zu tätigen. Kurze Zeit später sah Rainer auf seinem Handy einen Anruf mit unterdrückter Nummer, es wurde aber offensichtlich keine Nachricht auf dem Anrufbeantworter hinterlassen. Wir nahmen das zur Kenntnis, dachten uns aber nicht viel dabei.

Sechs Stunden später kamen wir, wie verabredet, wieder in der Pension an und uns entgegen lief ein ziemlich angesäuerter Hausherr, der fragte, warum wir uns nicht meldeten, wenn er darum bat. Häää? Folgendes war passiert:

Wir verließen den Hof Richtung Baumarkt und Finn, der das alles von seinem zaungeschützten Bereich aus beobachtet hatte, setzte kurze Zeit später zum Sprung an, übersprang den 1,80 Meter hohen, massiven Stahlzaun und versuchte, uns hinterherzurennen. Die Pension lag an einer Bundesstraße, Lastwagen und hohes Verkehrsaufkommen inklusive. Eine Kundin der Pension sah den herrenlosen Hund mitten auf der breiten, vielbefahrenen Straße, es gelang ihr, unseren entschlossenen Rumänen zu stoppen und zurück in die Pension zu bringen. Unser Fehler war, nicht zu erwähnen, dass beide die Tendenz zum Ausbüxen hatten, wenn Panik sie übermannte. Zu unserer Ehrenrettung muss ich sagen, dass wir niemals damit gerechnet hatten, dass dieser Hund einen 1,80 Meter hohen Zaun überspringen konnte. Der Fehler des Pensionsleiters war erstens, nicht noch einmal anzurufen, er hatte zwar auf den Anrufbeantworter gesprochen, das Telefon zeigte das aber – warum auch immer – nicht an, und der Kardinalsfehler war, die Hunde, obwohl er wusste, dass sie Zwingererfahrungen aus den Tötungsstationen hatten und keine Pensionen und Gitterstäbe gewöhnt waren, einfach unbeaufsichtigt in dem umzäunten Garten zu lassen. Wir dankten dem lieben Gott, dass er wieder einmal seine schützende Hand über unsern Hund gehalten hatte, nahmen unsere beiden und fuhren davon.

Etwas verunsichert stellten wir uns jetzt allerdings die Frage, wie wir diese wilde Renovierungsaktion bewältigen sollten, wenn wir zusätzlich immer auf die Hunde schauen mussten? Wir beschlossen, es einfach erst einmal mit den beiden zu probieren, und sahen sogar den Vorteil darin, dass sie die Veränderung mitbekämen und sich dort vielleicht schon heimisch fühlten, bevor wir überhaupt hingezogen waren.

Wir hatten das große Glück, dass bereits fast das gesamte Gelände mit einem 1,60 Meter hohen Zaun eingezäunt war. Etwaige Fluchtstellen schloss Rainer bereits am ersten Tag, wir liefen gemeinsam mit ihnen die Grenzen des Grundstücks ab und hatten fortan überhaupt kein Problem. Die beiden lagen in einer Seelenruhe in ihren Körbchen mitten im Chaos. Es hämmerte, sägte, Fliesen flogen von der Wand, die halbe Wand flog gleich mit, Tapetenmassen lagen auf dem Boden herum, einige Freunde halfen noch, es waren dadurch auch noch fremde Menschen im Haus. Die beiden meisterten die Herausforderung mit einer Ruhe, die selbst Buddha beeindruckt hätte. Nie musste ich meine Energie darauf verwenden zu schauen, dass ihre Zungen nicht im Mörtel verschwanden, ihre Pfoten nicht durch den Kleber tapsten oder sie mir vor den Hammer liefen. Immer mal wieder zog es das neugierige Ellchen auf eine kleine Visite durch das Haus, wobei sie hier und dort nach dem Rechten sah und uns interessiert zuschaute. Finn lag eher in meiner Nähe im Korb und betrachtete das Ganze aus der Distanz – wohlgemerkt ohne Kratzattacke!
Nachmittags drehten wir gemeinsam unsere Runden und abends, teilweise wirklich spät, fuhren wir geschafft, aber etliche Schritte weitergekommen, nach Hause. Oft waren Freunde und Nachbarn so lieb und luden uns abends zum Essen ein oder kochten für uns mit, sodass wir unser fertiges Essen einfach bei ihnen abholen durften. Wir waren wirklich dankbar und fühlten uns von Gott gesegnet! Für unsere Hunde, die uns einfach so wunderbar unterstützten, indem sie so waren, wie sie waren. Und unsere Freunde und Nachbarn, die alles taten, uns zu helfen, obwohl jeder von ihnen es eigentlich doof fand, dass wir wegzogen. Nach dem leckeren Essen setzten wir uns gemeinsam alle vier kuschelig

aufs Sofa und lobten die beiden, dass sie uns so treu und unerschrocken bei allem begleiteten.

Im Nachhinein war es ein Segen, dass Finn unserer Idee mit der Tagespension einen Strich durch die Rechnung gemacht hatte. So bekamen beide die Veränderungen mit, sie gewöhnten sich an das Haus und stromerten schon einmal durch die Nebengebäude und den riesigen Garten, sie waren immer bei uns und ich glaube, das tat Menschen und Hunden gleichermaßen gut.

Viele unserer Möbel waren noch in Berlin, sodass es eigentlich zwei Umzüge gab. Einmal innerhalb des Wendlandes, und dann Berlin-Wendland. An dem Tag, an dem wir nach Berlin fuhren, brachten wir die beiden in unsere Hundezuhause-Lieblingspension, wussten sie dort wunderbar aufgehoben, fuhren nach Berlin und kamen einen Tag später samt unserer Möbel und drei ausgeschlafenen Möbelpackern im neuen Haus an. Eine letzte Tour mit dem Rest aus unserem kleinen Holzhaus, und es war geschafft: Wir waren dort angekommen, wo wir nun wirklich bleiben wollten.

Am nächsten Tag holte Rainer die Hunde, während ich weiter packte und räumte und versuchte, für alles einen sinnvollen Platz zu finden. Als die drei zurückkamen, gab es eine freudige Begrüßung, Finn landete mit einem Riesensatz auf dem Sofa, während Ella sofort hingerissen zu ihrem Lieblingsstuhl lief, der aufgrund seiner Größe das letzte Jahr in Berlin verbracht hatte. Sie erschnüffelte wahrscheinlich jeden einzelnen Menschen, der in dem letzten Jahr darauf gesessen hatte, sprang freudig darauf und rührte sich nicht mehr vom Fleck. Beide spürten sofort, dass wir jetzt blieben, und schliefen entspannt ein.

Es war endlich Ruhe eingekehrt, für Mensch und Tier.

ALTES TRAUMA

Die ersten Tage vergingen mit Räumen, Auspacken, Gewöhnen und Ausruhen. Wir alle mussten uns umstellen, von unserem kleinen, überschaubaren Holzhaus auf unser neues, altes großes Bauernhaus. Die Hunde konnten durch die sofort eingebaute Hundeklappe endlich ein- und ausgehen, wie sie wollten. Die Nachbarn hießen uns willkommen und freuten sich über unsere Hunde – und auch darüber, dass sie anschlagen, wenn Fremde sich nähern. Wir wohnen hier sehr einsam und außer besagten Nachbarn haben wir weder vor noch hinter dem Haus andere Häuser oder Menschen. Es ist also von Vorteil, wenn beide Hunde ihren Job machen und anschlagen, wenn sich jemand Fremdes nähert. Das passiert nicht häufig, aber wenn, werden wir direkt und unüberhörbar informiert.

Hunde sind immer wieder ein wunderbares Kommunikationsmittel auf vier Beinen. Sie unterstützten uns auch hier, schnell alle möglichen Menschen kennenzulernen. Sie sorgten dafür, dass wir nicht vereinsamten... Immer wenn wir Richtung Elbe liefen, kamen wir an einem Garten vorbei, in dem ein alter Labrador Hof hielt. Es war ein sehr entspannter, betagter älterer Herr, der sich über Neuzugänge jeder Art freute, aber nicht wie Finn durch die Gegend raste, sondern eher schwanzwedelnd und freudig maximal in ein leichtes Traben verfiel. Nachdem die beiden sich bereits einige Male getroffen hatten, verfiel Finn wieder in sein panisches Hin-und-her-Rasen, das er schon im kleinen Haus an der Tag legte, wenn er alte Bekannte traf. Er bellte den Labrador an, machte in einer Tour Spielaufforderungen, indem er die Vorderbeine einknickte und seine Hinterläufe samt Hintern senkrecht gen

Himmel streckte. Der Labrador, gänzlich unbeeindruckt, schaute ihn irritiert an und verfiel dann in einen für seine Verhältnisse relativ schnellen Lauf, um diesem Jungspund ein wenig sein Vergnügen zu lassen. So liefen die beiden ein wenig hin und her und nach einigen Minuten war die Begegnung vorbei. Jedes Mal, wenn wir uns dem Haus des Labradors näherten, wurde Finn aufgeregter. Er schnappte bereits im Vorfeld förmlich über, versuchte, an der Leine zu ziehen, und wollte schnurstracks auf den Labrador zurasen. Das Ganze gipfelte darin, dass er eines Tages so sehr herumflippte, dass sich die Schleppleine zwischen meinen Füßen verhedderte und mich unsanft zu Boden riss. Ich konnte mir sein Verhalten nicht erklären. Es war ähnlich wie bei den Nachbarn im alten Haus, die ihn zu Beginn seiner Zeit bei uns stets fütterten und wo er leider später auch ungefragt durch das Haus raste, um die Näpfe der dortigen Hunde zu inspizieren. Ich fürchtete, wieder so eine Situation zu kreieren und nahm ihn ein paar Tage später abends zur Seite, um zu fragen, *was* er da mache und vor allem, *warum* er das tat. Es war ein langes, ruhiges Gespräch und ich traute meiner Wahrnehmung kam, als er anfing zu erzählen:
Finn kam nach dem Einfangen durch die Hundefänger in die Tötungsstation des rumänischen Tierheims. Er war fast noch ein Welpe, geschwächt und ängstlich und er wusste nicht, wo er war, konnte weder das Tierheim noch die anderen Hunde, den Betonzwinger oder seinen Hunger irgendwie in sein bisheriges Leben einsortieren. Er war mit vielen Hunden in einen Zwinger gepfercht und die Tierheimbetreiber machten sich selten die Mühe, genau zu schauen, welche Hunde sie zusammen in einem Zwinger hielten. Finns Zellengenossen waren unter anderem erwachsene Rüden, die bei dem rationierten und immer zu wenigen Futter keine Rücksicht

auf einen jungen, völlig verängstigten Hund nehmen konnten. Je besser er die anderen kannte, desto schneller lernte er, welches Verhalten ihm half zu überleben. „Alte Bekannte" bedeuteten für ihn also wenig beziehungsweise kein Futter und Lebensgefahr. Es entstand die Strategie (und es entsprach auch seinem Alter), wie eine wilde Wutz hin und her zu hopsen und so allen Beteiligten zu signalisieren, dass er niemandem etwas tat und ein ganz harmloses Kerlchen war. Gleichzeitig konnte er das Durcheinander nutzen, um schnell Fressbares zu ergattern.

Endlich verstand ich das System, das hinter seinem Verhalten steckte, und unser Gespräch machte deutlich, warum er sich vor allem bei Hunden, die er länger kannte, so merkwürdig verhielt. Da er mit sechs oder sieben Monaten bereits bei uns war, war sein Tierheimaufenthalt zum Glück nur von kurzer Dauer. Dennoch geschah das Ganze in einer wichtigen Zeit seines Lebens, die sein Verhalten stark prägte.

Ähnlich ist es bei uns Menschen auch. Als Kinder haben wir bestimmte Strategien entwickelt, mit den Herausforderungen unseres jungen Lebens fertig zu werden. Wir fielen beispielsweise möglichst nicht auf, passten uns an und versuchten, den Erwartungen unserer Eltern zu entsprechen. Nicht selten folgen wir nun auch als Erwachsene diesen früher hilfreichen Strategien. Die Situation heute ist allerdings grundlegend anders als damals, was einen Umgang auf die kindliche Weise mit heutigen Themen gar nicht mehr rechtfertigt und nicht selten zu Problemen führt.

Finn „erzählte" seine Erlebnisse ganz anders, als ein Mensch solche Erlebnisse schildern würde. Völlig unaufgeregt sendete er mir Bilder von dieser so prägenden Zeit seines Lebens. Es war so, als ob er über eine kleine Anekdote aus seinem Leben berichtete. Ich war gleichermaßen beeindruckt und schockiert von seiner Art, mit diesen traumatischen Erlebnissen umzugehen. Würde ich einen Menschen in der Praxis so distanziert von seinem Trauma erzählen hören, würde schnell deutlich werden, dass er das Erlebte entweder noch nicht fühlen kann, oder dass er bereits sehr viel an diesem Thema gearbeitet hat, was ihm einen so distanzierten Umgang ermöglicht. War das bei Tieren genauso? Ich wusste es nicht. Vielleicht haben Tiere auch die Fähigkeit, die Vergangenheit dort zu lassen, wo sie hingehört: in der Vergangenheit. Weder die Tiere noch wir Menschen können sie ändern, wir können nur lernen, mit ihr zu leben.

Ich dankte Finn für das Vertrauen, das er mir schenkte, indem er mir einen weiteren Teil seiner Geschichte offenbarte. Wieder hatte sich ein Puzzleteil gefügt und wieder waren wir einen wichtigen Schritt weitergekommen. Ich erklärte ihm, dass dieses Verhalten heute nicht mehr nötig wäre, und versprach ihm, immer dafür zu sorgen, dass er immer genug Futter bekäme. Wir einigten uns auf Folgendes: Ich würde ihn, sobald wir uns dem Haus mit dem Labrador näherten, daran erinnern, dass seine Zeit im Zwinger vergangen wäre und er dieses Verhalten nicht mehr bräuchte. Gemeinsam mit mir ist Finn nie wieder vor dem Zaun ausgeflippt. Die beiden Hunde begegneten sich respektvoll und würdig am Gartenzaun, beschnüffelten sich kurz, Finn hinterließ seine derzeitige Stimmung in Form einer Markierung und wir gingen weiter unserer Wege. Ich war dem Labrador dankbar, dass er uns noch einmal die Chance bot, diesem Trauma zu begegnen und es zu lösen. Leider war die entspannte Situation nur von sehr kurzer Dauer, denn der alte Hund erkrankte kurze darauf sehr schwer und verstarb. Die neuesten Informationen für ihn hinterließ Finn noch Monate später am Efeu des Gartenzauns.

DER FEIND AUF DEM DEICH

Schafe und Deichpflege gehören zusammen. Die hübschen Tiere mit ihrem dicken Fell vermehren sich fröhlich, bevölkern, gesichert durch einen Elektrozaun, den Deich und ziehen jeden Tag ein kleines Stückchen weiter. Bei einem unserer nachmittäglichen Spaziergänge kam Finn mit der Schnauze an diesen unscheinbar aussehenden Zaun, hinter dem die Schafe mit ihren kleinen Lämmern weideten. Er jaulte auf, sprang mit einem Riesensatz vom Zaun weg und setzte sich verstört ins Gras. Der Schlag hatte ihn getroffen, im wahrsten Sinne des Wortes. Als Stadtei hatte ich diesen transportablen Zaun völlig falsch eingeschätzt und nicht bemerkt, dass er stromführend war. Finn verweigerte jeden weiteren Schritt und nur mit viel Geduld und Spucke schafften wir es an diesem Tag um Schafe und Zaun herum nach Hause zu kommen.

Ich gab ihm Rescuetropfen und sein lethargischer Zustand normalisierte sich langsam wieder, die Panik beim Anblick der süßen Wollknäule allerdings blieb. Jedes Schaf war ein Drama. Bereits das Blöken in der Ferne reichte aus, um die Pfoten in den Boden zu rammen oder sich sofort hinzulegen und keinen Schritt weiter zu gehen. Auch Ellas kleine Nase erwischte mal einen Elektrozaun, der um eine Pferdekoppel gespannt war. Im Gegensatz zu Finn ging sie trotzdem daran vorbei, nur vorsichtig und in einem angemessenen Abstand. Alternativ sprang sie Rainer sicherheitshalber auf den Arm und ließ sich an den unheimlichen Riesen vorbeitragen. Finn dagegen ging nicht einmal in die Nähe von Schafen, an vorbeigehen war nicht zu denken, ebenso wenig wie an Tragen. In manchem sind sich Hunde und Menschen ähnlich: Die einen hadern mit ihren Erlebnissen, vergessen sie nie und ziehen ihre Konsequenzen für den Rest ihres Lebens. Andere wiederum nehmen es leichter und lassen die Vergangenheit irgendwann ruhen. Man sagt, Hunde würden im Hier und Jetzt leben und sicherlich stimmt das meistens. Dennoch haben sie eine Vergangenheit, und ich glaube nicht, dass jeder Hund diese Vergangenheit abstreifen kann wie einen alten Mantel.

Eine Hundetrainerin empfahl mir, Finn bei Schafkontakt so lange entschlossen am Halsband zu ziehen, bis er mitkam. Mein Einwand, dass er sich sogar hinlegt, um nicht weiterlaufen zu müssen kommentierte sie lapidar mit „dann müssen Sie ihn eben liegend ziehen..." Eine andere Trainerin half uns, ihn mit viel Geduld, Zeit und gesicherten Flanken an den Schafen vorbeizuführen – er kam nach Monaten das erste Mal wieder freiwillig mit! Auch wenn ihm die Situation nicht geheuer war, nahm er doch all seinen Mut zusammen und gemeinsam schafften wir seinen persönlichen *highway to hell*.

Finn hat Angst vor Schafen. Punkt. Vom Frühjahr bis zum Herbst treffen wir immer wieder auf große Herden. Wir üben bei jeder Herde, er folgt uns zögerlich, und vertraut meist darauf, dass wir ihn vor dem Feind in Zottelfell beschützen. Irgendwann wird er wieder alleine, unbeeindruckt und erhobenen Hauptes an Schafen vorbeischlendern. Und bis dahin unterstützen wir ihn. Er ist unsicher und braucht manchmal Hilfe. Er ist ein charakterstarkes, mutiges Wesen, das auch mal über seinen Schatten springt, und ich bin sehr stolz auf ihn. Auch wenn es mich stresst, das er stur wie ein Esel im Gras liegt und sich nicht rührt, ziehe ich dennoch meinen Hut vor ihm. Er lässt sich nicht überreden und erst recht nicht zwingen. Ich muss ihn überzeugen, ihm Sicherheit garantieren und Kompetenz beweisen, wenn er mir folgen soll. Er bietet mir ein großes Übungsfeld und ich freue mich über unsere Fortschritte, seine *und* meine.

FÜHRUNG

Auslöser für das Aufsuchen einer weiteren Hundetrainerin war eine unschöne Begegnung zwischen Finn und einem Kind. Wir saßen an einem heißen Sommertag in einem schönen Hofcafé. Unser Tisch lag strategisch etwas ungünstig an einer Ecke, so dass eine Seite nicht einsehbar war. Finn legte sich nach einem langen Spaziergang durch die Heide neben Ella unter dem Tisch und chillte im Schatten vor sich hin. Plötzlich kam ein Kind von hinten um die Ecke gerannt, er erschreckte sich und schoss – zum Glück an der sehr kurzen Leine - unter dem Tisch hervor und maßregelte das Kind, indem er versuchte, an ihm hochzuspringen. Das Kind war ein wenig erschrocken, dennoch ziemlich entspannt und hielt kurz im Laufen inne. Ich entschuldigte mich sofort und fragte die kleine Maus, ob alles okay wäre. Sie aber zuckte nur mit den Schultern und hüpfte weiter. Danach sprach ich mit der Mutter des Mädchens und wollte ihr meine Telefonnummer geben, falls noch etwas nachkäme. Auch die Mutter war sehr entspannt, meinte, das könne mal passieren, sie hätten selbst Hunde und das Kind wäre allerhand von ihren Vierbeinern gewöhnt. Dennoch beruhigte mich das nicht, denn es hätte auch ein weniger hundeerfahrenes Kind treffen können und, ehrlich gesagt, wäre ich als Mama nicht so entspannt gewesen wie diese Frau. Das Ende vom Lied war, dass die Mutter des Mädchens mich tröstete und meinte, ich solle mich mal wieder beruhigen, es wäre ja nichts passiert. Dennoch marschierte ich zwei Tage wie ein Häufchen Elend durch die Welt.
Als wir den Vorfall bei einer Geburtstagsfeier kurze Zeit später erzählten, wurde uns von zwei Seiten eine Hundetrainerin aus dem Landkreis empfohlen. Zu Hause

angekommen rief ich sofort dort an und vereinbarte einen Termin. Bei unserem ersten Treffen erklärte sie uns, wir seien einfach zu nett mit unseren Hunden und sie dürften zu viel. Sie empfahl, an unserem Führungsstil zu arbeiten. Führungsstil? Gute Idee. Zu nett? Tja, ein guter Chef ist auch nett, er hat Einfühlungsvermögen und Sozialkompetenz und er ist klar in seinen Aussagen, Bitten oder Anweisungen. Zeichnet es eine Führungspersönlichkeit aus, wenn sie unfreundlich ist? Sollte das bei Hunden so anders sein als bei uns Menschen? Nach der Frage „Was ist Vertrauen?" stellte ich mir nun die Frage: „Was bedeutet Führung für mich?" Wie unterscheiden sich Menschen und Hunde in dieser Frage? Wie stelle ich mir einen Menschen vor, der Führungsqualitäten hat? Meine Antwort wäre: eine starke Präsenz, eine hohe soziale Kompetenz und eine innere Klarheit und Ruhe. Dazu käme noch die Begabung, die besonderen Ressourcen und Fähigkeiten der anvertrauten Wesen zu erkennen und sie so einzusetzen, dass sie diese Qualitäten ausleben, nutzen und verfeinern konnten. Einem Menschen mit Führungsqualitäten kann ich vertrauen und seine Entscheidungen ziehe ich nicht in Zweifel. Sollten doch einmal Unsicherheiten entstehen, hat dieser Mensch die Größe, meine Zweifel anzuerkennen, und vermag es, mich entweder von seiner Entscheidung zu überzeugen oder von seiner Entscheidung abzuweichen. Eine Führungspersönlichkeit ist so klar wie möglich und so kompromissbereit wie nötig. Und was ist Führungskompetenz für Hunde? Wahrscheinlich wäre die Antwort sehr ähnlich.

„Sie dürfen zu viel." Hm, gibt es wirklich dieses Dominanzthema bei Hunden? Macht es für sie tatsächlich einen Unterschied, ob ich als Erste durch das Gartentor gehe oder ob ich als Mensch und vermeintliche Führungspersönlichkeit höher sitze als der Hund? Eigentlich denke ich nicht, dass an diesen Stellen das Thema Führung und Führungsqualitäten im Sinne der Hunde entschieden wird. Führungskompetenzen hat jemand *in* sich. Manche Menschen werden mit einer klaren Präsenz geboren und mit viel Glück, überdauert sie auch die Kinderzeit. Meistens werden uns diese Fähigkeiten allerdings von unseren wohlmeinenden Eltern aberzogen, weil sie unbequem, halsstarrig oder arrogant mit Präsenz und innerer Klarheit verwechseln.

Aber zurück zu der Trainerin: Als Werkzeuge regte sie an, unberechenbarer für die Hunde zu sein und nicht dem strukturierten Tagesablauf zu folgen, sondern immer mal etwas für sie Unvorhersehbares zu tun. Sie empfahl aber auch, die Hunde zwischendurch im Haus anzubinden, die Schleppleine zusammen mit einem Halsband zu benutzen (Schäden an der Wirbelsäule wurden ausgeklammert), sie wenn nötig einfach hinter uns herzuschleifen und immer wieder klare Signale über die Leine zu senden.

Ich war wahrlich nicht mit allem einverstanden, dennoch hatte es einiges Gutes und ich sah in manchen Tipps Ähnlichkeiten zu anderen Trainern. Der eine imitierte die Abschnapper der Hunde untereinander und sorgte so für sein Standing als „Leithund". Der andere nahm eine Ressource und machte sowohl die Ressource als auch sich für die anderen Hunde interessant – um sie dann selbst zu behalten und damit seinen Führungsanspruch zu untermauern. Wieder andere nahmen vehement den Raum vor den Hunden in Anspruch, um klarzustellen, wer das Sagen hat. Alle waren sich einig, nicht so „weichzueiern", sondern klare Informationen zu geben und klare Grenzen zu setzen –

etwas, wo Rainer und ich noch einigen Handlungsbedarf hatten. Aber heiligte der Zweck die Mittel? Was mir in der Trainingsstunde fehlte war ein Blick auf die Persönlichkeit meiner Hunde aber auch die Begegnung mit dieser Trainerin hatte einen Benefit für mich und zeigte mir reichliche Defizite auf.

Bereits bei der ersten Übung kamen mir die Tränen. Ich sollte das Bitten weglassen und stattdessen einfache, klare Informationen aussenden. Himmel, wie schwer mir das fiel! Ich hatte mir in meiner Praxis mühevoll angewöhnt, so zu kommunizieren, dass anderen immer ein Ausweg gelassen wurde. Bei allem, was ich sagte, gab es eine Wahlmöglichkeit für die Klienten. Ich vermied Worte wie „du musst" oder „du solltest" (das und das tun), und nutzte stattdessen Sätze wie „überlege mal, ob du dir vorstellen kannst, etwas so und so zu machen" oder „schau' mal, ob du deinen Fokus vielleicht lieber auf das und das richtest". Und jetzt sollte ich klare Aussagen treffen, die keinen Spielraum ließen? Und das bei den Wesen, die mir so nah am Herzen waren? Eine schwierige Aufgabe und dennoch war es eine wunderbare Übung im Umdenken und Neuorientieren. Und ups, da war sie ja, die Führung. Klare Aussagen, kein „Rumgeeier, nichts mit sowohl-als-auch, nicht mal entweder-oder, nur *eine* klare Information (und Bitte kriegt man auch in einer Information unter).

Der nächste Ratschlag lautete: Meine Körpersprache sollte klarer sein. Hm, viele Jahre meines hundefreien Lebens habe ich damit verbracht, möglichst nicht angespannt zu sein, mich und meine Körpersprache zu überprüfen, klar und aufrecht zu stehen, ohne Anspannung in Hüften, Knien und Schultern. Jetzt hieß es, es muss eine Körperspannung sichtbar sein, damit Hunde mich verstehen. Plötzlich wurde mir klar, warum ich so viele Trainer kannte, die wunderbar mit Hunden konnten, aber deren Menschen-Kommunikation durchaus ausbaufähig war. Es war genau das: Hunde brauchten eine klare Information, ohne Raum für eigene Entscheidungen. Menschen konnten etwas viel leichter annehmen, wenn sie mehrere Optionen hatten und es am Ende ihre Entscheidung blieb. Es ist interessant, einmal auf die Körpersprache von Menschen zu schauen. Wer aufrecht geht, klar ist und trotzdem entspannt, dem trauen die meisten Menschen Kompetenz zu. Wer immer in dem Moment, wo es ihm wichtig wird, eine große Anspannung zeigt, der erscheint uns Menschen meist eher bemüht und leicht aggressiv. Jetzt hatte ich wenigstens den Unterschied verstanden und gleichzeitig eine Erklärung, warum es mir so schwerfiel, für die Hunde klar zu kommunizieren.

Die nächste Aufgabe war wieder schwierig. Beide durften nicht mehr auf das Sofa, auf Stühle oder Bett, nur noch auf den Boden. Das sollte mich zum Rudelchef machen? Ich hatte da so meine Zweifel. Ich glaube, solche Methoden brauchen Menschen, nicht Hunde. In einem Mensch-Hund-Team, in dem klar ist, wer wen führt, sind solche Äußerlichkeiten für mein Gefühl nicht mehr relevant (außer sie dienen der Sicherheit), weil die wahre Führung von *innen* kommt. Übrigens liefen unsere Hunde zum Beispiel nie als Erste durch das Gartentor. Das war aber weniger unseren Chefallüren geschuldet als der Tatsache, dass wir erst die Lage checken wollten, bevor wir die Hunde durch das Tor ließen. Etwas, das sie nie infrage stellten und das auch nie ein Thema war – wahrscheinlich, weil es uns *wirklich wichtig* war, die Situation vor der Tür erst einmal selbst in Augenschein zu nehmen, bevor wir die Hunde hinausließen.

Menschen, die den Anspruch haben, andere Wesen führen zu wollen, werden immer mal wieder von Hunden auf die Probe gestellt, um zu schauen, ob sie diese Führungsqualität noch inne haben und ob sie immer noch in der Lage sind, den anderen sicher durch das Leben zu begleiten. Solche Anfragen vonseiten der Hunde sind legitim, denn ihr Leben hängt von unserer Führungsfähigkeit ab. Wenn wir erkennen, wann uns unsere Hunde diese Frage stellen, und souverän darauf reagieren, brauchen wir keinen niedrigeren Platz für unsere Hunde, sondern eine schützende, ruhige und führende Hand – und mehr nicht. Dennoch – in der Theorie war mir inzwischen einiges klar, um das in die Praxis umzusetzen, bedurfte es weiterer, großer Schritte im Innen und im Außen und es wartete viel eigene Beobachtung, Hinterfragen der eigenen Motive und Handlungen und viel Seelenarbeit auf uns. Also beherzigten wir die Ratschläge und verbannte die Hunde für eine Weile von allen erhöhten Plätzen. Das hatte für uns eine andere Sichtweise auf die Hunde und ihren Stellenwert zur Folge, was uns allen vier gut tat.

Der Hinweis der Trainerin, unsere Tiere würden einen zu großen Platz in unserem Leben einnehmen, fand ich auch nicht so weit hergeholt. Wer weiß, vielleicht trafen wir auch auf immer wieder neue Schwierigkeiten, weil unsere Hunde es als ihren Job ansahen, uns zu beschäftigen? Ich stellte mir vor, einen Chef zu haben, der die ganze Zeit hinter mir steht und schaut, was ich mache oder nicht mache – würde mich schon nervös machen. Jeden Pups würde er kommentieren und ständig bekäme ich Streicheleinheiten. Da stelle ich mir als Hund die Frage, ob mein Mensch wohl nichts anderes zu tun hat? Und ich fühle mich gemüßigt, ihn zu beschäftigen... Vielleicht ging es unseren Hunden genau *so*?!

GEDANKENKRAFT

Immer öfter fiel mir auf, dass ich gerade an etwas dachte und sehr kurze Zeit später passierte es dann. Meinen Gedanken „hinter der Ecke vorne links liegt der neue Misthaufen" quittierte Finn eine halbe Sekunde später mit einem herzhaften Sprint um die Kurve und einem inbrünstigen Sprung in den dampfenden Haufen. Ich dachte „gleich könnte ich mal ein paar Leckerlis an der Baumrinde verstecken", da blieb er schon stehen und schaute mich erwartungsvoll an. Oder ich dachte „die letzte Leinenpöbelei ist ja schon ewig her", und schwups, der nächste Hund musste herhalten und wurde kläffend in seine Schranken verwiesen. Ich hatte oft solche Situationen. Etwas war lange kein Thema mehr, ich dachte daran und zack – passierte es. Offensichtlich gab es eine Verbindung zwischen uns, die es ihm erlaubt, meinen Gedanken zu folgen. Da es im Universum Verneinungen wie „nicht", „kein" und Co. nicht gibt, landete bei ihm vielleicht statt „er hat lange nicht mehr an die Bank gepinkelt" nur „an die Bank pinkeln" – was er dann mir zuliebe auch sofort erledigte. Ich wusste nicht, ob das ein bisschen weit hergeholt war, aber das häufige Zusammentreffen des Gedankens mit dem Ereignis ließ darauf schließen...
Diese Begebenheiten läuteten langsam und auf leisen Sohlen erneut eine Veränderung ein. Ich begann nach fast vier Jahren Ella und zweieinhalb Jahren Finn endlich wieder, mich auf meine Fähigkeiten und mich selbst zu besinnen, statt das Wissen anderer zu nutzen, nur um kurze Zeit später festzustellen, dass es mir eigentlich gar nicht entsprach.
Immer wieder versuchte ich mich daran zu erinnern, dass ich einiges wusste und konnte, und genau da sollte ich ansetzen.

Bei mir, meinen Möglichkeiten, Energien zu lesen und sie bewusst zu steuern, so wie ich es auch bei Menschen in den Behandlungen gemacht habe. Hier war ich authentisch, hier wusste ich, wovon ich sprach, hier konnte ich auf meine eigenen Erfahrungen zurückgreifen.

Kam jemand als Klient in meine Praxis, nutzte ich mein Wissen und versuchte, mein Handeln zum Wohle des Menschen zu gestalten. Außerhalb meiner Praxis nutzte ich mein Wissen so gut wie nicht. Ich würde nie in das Energiefeld eines Menschen schauen, der mich nicht darum gebeten hat – es gibt einen Ethikcode bei dieser Arbeit, den es gilt, strengstens einzuhalten. Es ist übergriffig und nicht zu tolerieren, wenn jemand ungefragt und vor allem bewusst – dass ist das Entscheidende, diese Handlungen haben die meiste Kraft – in den Energiefeldern anderer Menschen etwas verändert oder hineinschaut, ohne das er darum gebeten wurde. Ich musste mir klar werden über die Grenzen, die ich auf jeden Fall bei meinen Tieren einhalten musste.

Tiere kommunizieren telepathisch und vielleicht sind für sie die für uns so unklaren und geheimnisvollen Energiefelder Normalität und Alltag? Nach meiner Wahrnehmung sind Tiere wesentlich offener in ihrer Verbindung in die anderen Welten, warum sollte Energie für sie nicht sichtbar sein? Wie oft hatte ich schon das Gefühl, dass sich meine beiden Hunde über eine telepathische Verbindung austauschten? Sicher gibt es viele Kommunikationswege bei Tieren, die wir nicht kennen, dennoch denke ich, dass diese Form der Unterhaltung für sie wesentlich mehr zur Realität und zur Normalität gehört, als wir uns vorstellen können. Ich begann also, zwischendurch auf der Energieebene mit Finn zu kommunizieren. Nicht die Unterhaltungen, die wir ab und zu in ruhigen Minuten führten, sondern die alltägliche

Kommunikation, zum Beispiel wenn wir unterwegs waren. Interessanterweise fiel es mir wesentlich leichter, in einer energetischen Verbindung zu ihm zu bleiben, wenn er ohne Leine war. An der Schleppleine, die wir zu der Zeit noch häufig nutzten, empfand ich diese Form der Kommunikation als wesentlich ungenauer. Woran konnte das liegen? Lief er ohne Leine zu weit voraus, schickte ich ihm einfach einen Gedanken „bitte warten" (trotz dem Hinweis der Trainerin, das Bitte wegzulassen, konnte ich mich nicht durchringen, es in jedem Fall auch zu tun), und in 90 Prozent der Fälle blieb er stehen oder wurde zumindest merklich langsamer, schnüffelte am Rand oder ließ noch eine kurze Botschaft für den nachfolgenden Hund am Busch – aber er lief nicht mehr in gleicher Geschwindigkeit vorwärts! Zu Beginn war ich noch unsicher, ob es nicht einfach Zufall war, aber nach vielen, vielen Versuchen war ein Zufall ausgeschlossen. Es funktionierte – und zwar meist sogar besser, als wenn ich ihn mit lauter Stimme bat, zu warten.

Ich brauchte den Einsatz meiner Stimme, er sicher nicht. Für ihn war das egal, ob ich laut oder leise mit ihm kommunizierte. Auffällig fand ich auch, dass er für *mich* irgendwie im Dunstkreis meines Feldes sein sollte, damit ich diese Form der Kommunikation erfolgreich mit ihm praktizieren konnte. Ihm war es wahrscheinlich egal, ob er mich sah oder nicht, ich fünf - oder fünfzig Meter weit weg war, meine Energie kam sicher bei ihm an – aber *ich* brauchte das Gefühl seiner Nähe, weil ich dachte, wenn er zu weit wäre, käme meine Bitte bei ihm nicht mehr an. War ich ganz sicher, dass ich ihn erreichte, folgte er meiner Bitte sofort. Hatte ich Bedenken und ging davon aus, dass er jetzt sowieso nicht hörte, machte er weiter, was er gerade tat, und meine Bitte verschwand im Nirwana. *Wir* hatten es also in der

Hand – und diese Macht war großartig und beängstigend zugleich. Denn mal davon abgesehen, was es mit der Kommunikation mit unseren Tieren macht, was macht es mit uns? Welche unglaubliche Macht haben wir über unser Leben, wenn unsere Gedanken so kraftvoll sind, dass sie bei unseren Tieren so klar ankommen wie ein gesprochenes Wort? Was konnten wir alles ändern in unserem Leben? Wie einfach wäre die Welt – und wie schwierig, sollten wir bemerken, dass wir nicht authentisch sind, nicht wahr-haftig leben, uns mit Halbwahrheiten begnügen oder sogar Unwahrheiten von uns geben.

Wie oft spüren wir, wenn andere Menschen nicht ehrlich mit sich oder uns sind, und trotzdem wollen wir oft lieber hören, was bei uns ankommt, statt wirklich zuzuhören, was uns gesagt wird. Das, was ich durch so viele Behandlungen wusste, lief jetzt wie selbstverständlich aus dem Praxiszimmer heraus und landete mitten in meinem Leben und es war Finn, der mich dahin schubste. Mancher Leser wird sich wundern, dass es so lange gedauert hat, bis ich diese Verbindung zwischen meinen Fähigkeiten (die jeder Mensch hat!) und meinem normalen Leben geknüpft habe.

Ich habe einen großen Respekt vor der energetischen Arbeit, spreche selten außerhalb der Praxis über diese Sachen und weiß, dass diese Dinge vielen Menschen Angst machen, andere gar nichts damit anfangen können oder sie vehement als esoterische Spinnerei ablehnen. Energetische Arbeit ist sehr kraft- und wirkungsvoll. Inwieweit durfte ich anwenden, was ich wusste, wenn ich keinen klaren Auftrag bekam? Ich hatte ein paarmal versucht, Ella - ohne sie zu fragen - auf der Energieebene zu helfen. Sie wollte das nicht und zeigte mir das sehr deutlich. Sobald ich die Energien einer Heilpflanze einschwingen wollte, stand sie auf und ging. Ich wusste nicht, ob sie das grundsätzlich nicht wollte, ob nur der Zeitpunkt für sie unpassend schien oder ob der Grund war, dass ich sie nicht gefragt hatte. Auf jeden Fall habe ich das nie wieder bei ihr gemacht. Andere Tiere legten sich wiederum sofort auf den Rücken, wenn ich ihnen energetische Unterstützung gab. Die Welt der Energien ist groß und bunt und wir sind alle mittendrin, ob es uns bewusst ist oder nicht. Wir senden und empfangen den ganzen Tag auf diesen Ebenen, kein Wunder, dass unsere Sendungen unsortiert und missverständlich sind, es fehlt die bewusste Ausrichtung, Absicht und Klarheit darin. Um auf der Energieebene mit den mir anvertrauten Tieren zu kommunizieren, bedurfte es keiner Genehmigung. Ich wollte sie um ein bestimmtes Verhalten bitten oder eine Bitte begründen. Ich ging davon aus, *das* war die natürliche Form der Unterhaltung bei Tieren, ich arbeitete nicht in ihrem Aurafeld und ich manipulierte sie nicht.

Kamen meine Botschaften nicht an, war ich in dem Moment irgendwie nicht auf meine Hunde eingestimmt, *ich* war nicht bei der Sache, unkonzentriert, mit den Gedanken woanders, nicht verbunden und nicht ganz anwesend. Es war immer *ich* – und nie Finn oder Ella, denn es ist einfach ihre Natur, die meiste Zeit ihres Lebens genau in diesem Augenblick zu sein, nicht im Gestern und nicht im Morgen, sondern im Hier und Jetzt, nicht mehr und nicht weniger.

KOMMUNIKATION

Es ist erstaunlich, wie viel innere Unruhe und Anspannung sich gelegt hatten, seit wir unserer schwierigen Nachbarin entronnen waren. Hätte mir früher jemand erzählt, dass jemand in einem solchen Ausmaß meine Nerven strapazieren würde, ich hätte es nicht für möglich gehalten. Mein Nervenkostüm war sechs Wochen nach unserem Umzug um ein Vielfaches stabiler, unsere Hunde waren wesentlich ruhiger, entspannter und gelassener und Finn blieb auch beim spannendsten „Tatort" wieder bei uns auf dem Sofa (wo er gemeinsam mit uns inzwischen wieder hinauf durfte). Hier zeigt sich deutlich, wie eng wir mit unseren Tieren verbunden sind, wie wenig wir ihnen vormachen können und wie viele sie uns in puncto Wahrnehmung von Ausstrahlung und Körpersprache voraushaben. Sie lesen uns wie ein Buch, nur sind wir uns dessen nicht bewusst und schicken immer wieder widersprüchliche Botschaften und haben unklare Gedanken. Wir sagen etwas anderes, als wir meinen, strahlen Unzufriedenheit aus und rufen „Feiiiiin", sind genervt, aber betüdeln unseren Hund.

Finn und Ella waren wahrlich schlaue Tiere, sie begriffen schnell und waren freudig bei der Sache – nur sie verstanden mich oft nicht, weil ich einfach unklar kommunizierte und weil ich oft nicht authentisch war.

Manchmal bemerkte ich die Diskrepanz meiner Kommunikationsmittel und mir fielen die Widersprüchlichkeiten zwischen meinem Körper und meinen Worten, meinen Worten und Gedanken oder meinen Gedanken und meiner Körpersprache auf. Ich stand zum Beispiel meinem Hund zugewandt und wollte, dass er kommt! Hunde sind effektive Tiere, warum sollte er kommen, wenn meine Füße doch eindeutig zeigten, dass ich auf dem Weg zu ihm bin? Oder ich freute mich über sein Kommen, beugte mich zu ihm herunter – und bedrohte ihn aus seiner Sicht. Ich dachte „eigentlich habe ich keine Lust zum Spaziergang" und wunderte mich, dass er nicht mitkam und einfach auf dem Weg stehen blieb. Ich beruhigte ihn durch Streicheln und gutes Zureden, wenn er seinen Job gemacht hat und anschlug, weil er jemanden vor unserem Grundstück wahrnahm. Mal ehrlich, wenn ich aufgeregt bin und eine Gefahr ankündige, will ich getätschelt werden? Damit sagte ich in Wirklichkeit „krieg' dich ein, ist nicht so schlimm" obwohl „danke" meinen Mund verlässt. Ich bedankte mich zwar bei ihm, war aber innerlich genervt, dass ich wegen eines Radfahrers, der am Haus vorbeifuhr, aufstehen und meinen Hund beruhigen musste. Kein Wunder also, dass er oft nicht verstand, *was* er ihm eigentlich mitteilen wollte.

Inzwischen beobachtete ich ihn und mich während unserer Spaziergänge wesentlich genauer. Manchmal hatte ich das Gefühl, er fragte mich häufig, bevor er etwas tat. Er machte eine Kopfbewegung oder sein Blick war eine Frage an mich – nur ich war bis zu dem Zeitpunkt nicht in der Lage, diese Blicke zu deuten oder sie auch nur als Kommunikation wahrzunehmen. Ich war viel zu wenig *mit* ihm. Er schaute mich an, ich reagierte nicht, also war das für ihn ein Freibrief getreu dem Motto „freie Fahrt für freie Hunde"... Je mehr ich bei der Sache war, je weniger ich vor mich hin träumte oder mich unterhielt sondern gemeinsam mit ihm des Weges ging, umso mehr bemerkte ich, *wie oft* er versuchte, mit mir zu kommunizieren. Er sprach mich mit seinen Blicken an, erzählte, was er wahrnahm mittels seiner Körperhaltung. Es war unglaublich, wie oft er stehen blieb, auf mich wartete oder Anweisungen von mir einforderte. Wie oft waren früher seine Blicke vergebens gewesen, weil ich sie nicht bemerkte?

Vor nicht langer Zeit malte ich stets im Vorfeld ein Dramabild unseres Ganges und bemerkte gar nicht, wie ich das Befürchtete damit heraufbeschwor. Ich achtete auf jedes Geräusch, das ein Tier machen könnte. Wenn wir auf Feldwegen liefen, ging mein Blick knapp über die Felder, denn der Kopf eines erwachsenen Rehes schaut gerade so über Weizen und Roggen hinaus. Oder ich scannte die Waldränder, denn nicht selten standen äsenden Rehe relativ nahe am Wald, sodass sie bei Gefahr ins Dickicht verschwinden konnten.

Ich mache das auch heute noch, aber nicht mehr in der hypergespannten Haltung, sondern eher entspannt und aus reinem Interesse. Finn bemerkt diesen kleinen, aber feinen Unterschied sehr genau. Vorher sind wir unbeabsichtigt zusammen jagen gegangen, heute gehen wir gemeinsam spazieren und schauen, ob wir etwas erleben oder beobachten können. Damals achtete ich also auf alles, nur nicht auf meinen Hund! Er zeige es mir auch heute noch an, wenn ein Tier in der Nähe ist, ich musste nur lernen, die Zeichen richtig zu deuten. Seine Körperhaltung verändert sich, er läuft nicht mehr entspannt von A nach B, sondern ist aufmerksam, bleibt stehen und er hat eine ganz andere Energie, als wenn er einfach nur stehen blieb, um zu schnüffeln, weil es lecker riecht. Er ist gespannt, im wahrsten Sinne des Wortes, und mental weit weg von mir. Er streift im Geiste bereits durch das Feld. Wenn Ella zu der Zeit diese Anzeichen zeigte hieß das nicht unbedingt, dass ein Tier in unmittelbarer Umgebung war. Sie war viel schneller in einem Jagdmodus als Finn, brauchte dann aber auch wesentlich schneller die klare Ansage, dass jede Jagd verboten war. Wenn

Finn allerdings diese Anzeichen zeigt, ist wirklich Achtung angesagt, denn manchmal springt sehr kurze Zeit später ein Reh fünf Meter von uns entfernt aus dem Feldgraben. Es ist also sinnvoll, bei seinen ersten Anzeichen von Anspannung zu reagieren und ihn erstens an die Leine zu nehmen, zweitens klar zu signalisieren, dass Jagen der Vergangenheit angehört, und drittens, und das ist das Wichtigste, ihn mental wieder zurück zu mir und auf den Weg zu bringen. Ich leine ihn in einem solchen Fall sofort an, nehme ihm dann den Raum zum Feld, gehe mit ausgebreiteten Armen und klarer Absicht Richtung Weg. Oder ich spreche mit ruhiger, tiefer Stimme und signalisierte ihm mit meiner Art zu sprechen kein „vielleicht" oder „eventuell", sondern ein „jetzt sofort. Punkt!". Er folgt mir in der Regel, nicht mit Freude im Gesicht, aber immerhin! Das mentale Kommunizieren in diesen heiklen Situationen gelingt mir bis heute noch nicht, *ich* brauche in diesen Fällen einfach das gesprochene Wort. Aber ich arbeite daran...

Der Zufall wollte es, dass eine Freundin aus Berlin, die inzwischen als Hundetrainerin arbeitet, ihren Besuch ankündigte. Wir fragten sie, ob sie sich vorstellen könne, gleichzeitig ein Training mit uns zu machen. Sie freute sich und so waren wir sehr gespannt auf das gemeinsame Wochenende und ob es gelingen würde, den Balanceakt zwischen Freundschaft und Training zu vollziehen. Ihre Methode entspricht mir zu 95 Prozent. Sie arbeitet nur mit Energie und Präsenz. Sie stellt eindeutige Regeln auf, die es gilt einzuhalten. Sie ist dabei sehr klar, ruhig und strukturiert. Sie beschränkt sich auf innere Stille, ein klares Energiefeld, freundliche, aber bestimmte Ansagen und eine offene, klare Grundhaltung. Sie „erinnerte" mich an diesem Wochenende an all das, was ich eigentlich bereits wusste, gerade wiederentdeckte und in mein Leben zu integrieren versuchte. Es benötigte nur einen Weckruf und, ähnlich wie ein Hund, musste ich mich im übertragenen Sinn schütteln und es war alles wieder da – endlich!

Ich wollte es Finn und mir jetzt leichter machen und verband mich wieder bewusst mit der Erde, baute bewusst mein Energiefeld aus, achtete darauf, wohin mein Blick ging, wenn ich etwas wollte, in welche Richtung meine Füße standen, ob mein Oberkörper nach vorne gebeugt oder gerade war und ob ich einen Blick auf dem Boden oder, wie ein Leithund, wirklich das Ganze im Blick hatte.

Während und nach meiner Ausbildung zur Heilpraktikerin habe ich viele Erfahrungen im Bereich der Körperarbeit und Körpertherapie gemacht. Einiges davon kam mir zu dem Zeitpunkt wieder zugute, denn als „Heilpraktikerazubi" achtete ich sehr auf meine Körperhaltung und experimentierte mit meiner Ausstrahlung mittels Veränderung meines Energiefeldes. Bereits das Klackern meiner Schuhe auf dem Asphalt änderte sich je nachdem, ob ich mit einer klaren, geraden, positiven inneren Haltung lief oder ob ich deprimiert, traurig oder unglücklich war. Es lag also nahe, dass die Ausstrahlung sich auch entsprechend unserer Haltung verändert, und das spüren nicht nur die Menschen um uns herum, sondern auch unsere Tiere. Es war spannend zu sehen, dass es mir damals nicht für längere Zeit gelungen ist, gerade zu laufen und gleichzeitig deprimiert zu sein oder eine gebeugte Körperhaltung zusammen mit glücklichen Gedanken zu haben. Ein Stück weit konnten wir also über unsere Haltung unser Befinden einerseits bewusst erleben, andererseits bewusst beeinflussen.

Der Vorfall mit dem Kind im Café hatte mehrere gute Aspekte: Rainer hat seither die Dringlichkeit erkannt, gemeinsam mit mir in puncto Hundeerziehung an einem Strang zu ziehen. Wir arbeiten endlich miteinander und nicht mehr gegeneinander. Gemeinsam achten wir konsequent auf unseren inneren Zustand und unsere innere Haltung den Hunden gegenüber. Indem der liebe Gott mir die unterschiedlichsten Trainer schickte, hat er mich immer wieder vor die Wahl gestellt, entweder einer für mich authentischen Kommunikation zu folgen oder den Zweck die Mittel heiligen zu lassen. Ich hatte es wieder gefunden, das Buch meines Lebens, indem alles stand, was ich bereits wusste. Es blätterte sich vor mir auf und ich wusste, dass ich jetzt endlich auf dem richtigen Weg war. Der Weg, den ich zusammen mit den Hunden schon vor Jahren hätte gehen sollen: Nach Hause zu mir.

ENERGIE FOLGT DER ABSICHT

Durch Finn habe ich viel gelernt, was ich eigentlich schon wusste: „Energie folgt der Absicht."
Ich weiß nicht, wie oft ich zu Beginn meiner Seminare den Teilnehmern diese Worte ans Herz gelegt habe. Und obwohl ich das wusste, vergaß ich es immer wieder. Hier ein Beispiel: Ich laufe auf einem Feldweg und sehe am Waldrand ein Reh. In dem Moment geht meine Energie zu diesem Reh und meine Hunde spüren das. Denkst ich „Oje, da steht ein Reh, so ein Mist, gleich rast mein Hund los, er ist zu weit weg, ich kann ihn gar nicht mehr anleinen ..." und in meinen Gedanken ist er bereits auf und davon. Mein Hund schnappt diese Energie auf und ist schneller weg, als ich gucken kann. Denke ich „Oh, ein Reh, wie schön und friedlich es da steht und wie hübsch", und meine Gedanken gehen entspannt und unaufgeregt wieder zu mir und meinem Hund, spüren die Hunde den kleinen Ausflug meiner Energie Richtung Waldrand, merken aber auch, dass offensichtlich nichts Spektakuläres dort vor sich geht, und sie laufen gemeinsam mit mir entspannt weiter. Die Schwierigkeit liegt einzig und alleine im Umpolen meiner Gedanken und der Art, wie ich auf Gegebenheiten reagiere.
Ich hatte so vielen Menschen erzählt, wie das mit den Energien, der Ausstrahlung und der Wirkung auf andere Menschen nach meinem Verständnis funktionierte, habe Übungen zum Erspüren der Energiefelder gemacht und immer wieder dazu eingeladen, einmal im Alltag darauf zu achten, welche Gedanken - und damit Energien - wir in die Welt schickten, habe von Gedankenwolken gesprochen, denen wir uns – meist unbewusst – anschlossen, die wir nährten und die uns nährten. Und ich selbst hatte es bei

meinen Hunden nicht einmal im Ansatz beherzigt. Bei Menschen war es kein Problem, das hatte ich geübt und mir meine Verantwortung für meine Erfahrungen bewusst gemacht. Auch da war ich immer wieder gescheitert, aber die Erkenntnis folgte dem Scheitern ziemlich schnell. Bei dem Umgang mit meinen Hunden hatte dieses Wissen einfach eine Pause eingelegt.

Verstehen wir das System der Energien und des kreativen Umgangs damit, können wir auch nachvollziehen, wie wir unser Leben und unsere Erfahrungen gestalten. Sicher gibt es immer noch vieles, was wir anscheinend nicht selbst beeinflussen können, aber unseren Umgang damit können wir entscheidend verändern und somit auch das, was die Erfahrung mit uns macht.

Ich war die Jahre davor so gefangen in meinem Wunsch, *die* Methode für uns zu finden, dass ich ganz vergessen hatte, meine eigene Methode zu suchen, mich auf mich und meine Intuition zu verlassen. Eben genau das zu tun, was ich anderen seit Jahren predigte: Wahrhaftig und authentisch zu sein. Mich auf mich selbst verlassen, anzuerkennen, dass nicht jede Methode für jeden passte. Bei Tieren betrat ich neues Terrain. Statt Anregungen zum Selbst-Weiterdenken zu suchen, käute ich jahrelang gedankenlos Wissen und Erfahrungen von anderen wieder und wunderte mich, dass es in meinem Leben und mit unseren Hunden nicht funktionierte. Das Leben lud mich ein, mein Wissen wirklich rund werden zu lassen, es aus der Praxis herauszubefördern und in die Praxis des Lebens zu integrieren.

UND JETZT?

Nach wie vor arbeiten wir: an uns, an unserem Miteinander, an unserer Führung und unserer Präsenz, an der inneren Ruhe und Gelassenheit, an einer klaren Kommunikation, an einer entspannten, aber aufrechten, klaren Körperhaltung. Kurz, wir arbeiten daran, unsere Hunde zu schützen und zu sichern, wo es nötig ist, zu begrenzen und zu stoppen, wo es nötig ist, und ihnen ansonsten ein gutes Leben zu geben, indem sie Hund sein dürfen, toben und bellen, kuscheln und schlafen, lernen und lehren. Immer wieder treffen wir auf Herausforderungen der besonderen oder der speziellen Art. Immer wieder passiert etwas, das es bisher noch nicht gab, sowohl positiv (Ella geht jetzt freiwillig und nur aus Spaß ins Wasser) oder auch negativ (Finn prügelt sich - für uns aus heiterem Himmel - mit einer französischen Bulldogge), wobei nur wir Menschen eine Unterscheidung in diese zwei Kategorien haben. Für Hunde ist es einfach, wie es ist.
Im Unterschied zu früher beobachte ich meine Hunde sehr genau und lasse mir zeigen, wenn es etwas Aufregendes zu entdecken gibt. Verpasse ich den Augenblick, kann es schon sein, dass Finn mal losflitzt, aber ein lauter Pfiff und vor allem eine klare Absicht, und er dreht meist wieder um und kommt zähneknirschend zurück – was will ich mehr? Aber auch das Losflitzen ist genau genommen unnötig, wenn ich meine Augen aufhalte und wirklich gemeinsam mit ihm laufe, dann sehe ich fast in den Kopf meines Seelenspiegels und erahne die Katze bereits zu Beginn, wenn er ihre feinen Gerüche leise in die Nase kriegt. Wir vier entdecken gemeinsam die Welt und freuen uns an ihr. Oft (nicht immer) haben wir schöne und entspannte Spaziergänge und ein respektvolles Miteinander. Auch an dem Vertrauen arbeiten

wir und inzwischen weiß ich, dass es tatsächlich eine Lebensaufgabe sein kann, und zwar Finns *und* meine. Immer noch gibt es Momente, in denen ich zu impulsiv reagiere oder wo wir uns missverstehen. Es herrscht nicht immer Sonnenschein. Manchmal nervt mich das Kratzen und Lecken, auch wenn ich weiß, dass er „nur" einen von uns spiegelt. Und manchmal kann ich die Situation nicht ändern, und sie in Form von Kratzen und Lecken ständig vor Augen zu haben, macht es auch nicht besser. Aber das ist nicht sein Problem, sondern meins. Auch dass er manchmal immernoch zusammenzuckt, wenn ich schnell und unbedacht einen Arm hebe und es immer wieder Tage gibt, an denen er traurig in der Ecke liegt und ich nicht weiß, was er hat, muss ich hinnehmen. Ich gebe ihm dann Bach-Blüten, lasse ihn in Ruhe oder versuche, ihn mit einem kleinen Fußballmatch aufzumuntern. Manchmal setze ich mich zu ihm, lasse alles, wie es ist, und meine Berührung sagt ihm „morgen ist ein neuer Tag". Er hat seine Vergangenheit und wer weiß, was da gerade in ihm arbeitet? Und auch ich kenne Tage, an denen meine Stimmungslage durchaus als depressiv zu bezeichnen ist. So ist es einfach, Hunde sind Persönlichkeiten mit Geschichte, Charakter, Gefühlen, Eigenheiten und genauso individuell wie ihre Halter.

Anfang 2016 fragte ich Finn in einer ruhigen Stunde, ob wir einmal eine professionelle Hundekommunikatorin einschalten sollten. Ich wollte allgemeine Fragen mit ihm klären, wissen, ob ihm etwas bei uns fehlte oder ob er Verbesserungsvorschläge hatte. Seine Antwort kam prompt: Wieso? Das können wir doch selber! Oh, damit hatte ich jetzt nicht gerechnet aber eigentlich hatte er recht. Etwas Großes hat sich geändert in den letzten Jahren mit ihm: Ich greife heute auch in Bezug mit meinen Tieren auf meine

Intuition zurück und behalte diese Fähigkeiten nicht nur den Menschen vor. Ich hole mir Anregungen aus Büchern oder dem Internet, lese immer noch viel über Hunde, Erziehung, Wesensarten, aber ich suche nicht mehr, ich informiere mich. Ich übernehme nicht jeden Erziehungsansatz und besinne mich bei Problemen auf mich und meine Hunde. Wir alle haben viel gelernt in den letzten vier Jahren, es ist eine Menge passiert und jetzt kehrt Ruhe ein. Nicht eine zähe, träge Totenstille, sondern eine wache, lebendige und freudige Ruhe, in der wir uns miteinander bewegen und weiter wachsen und lernen können. Die Weichen dafür haben wir in den letzten Jahren gestellt, an vielen Orten haben wir uns verlaufen, sodass der Weg teilweise ein kurviger und steiniger war. Inzwischen sind wir immer öfter auf einem klaren, breiten und sonnigen Weg angelangt. *Auf unserem eigenen Weg* und dennoch sind wir am Anfang und schauen jeden Tag neu. Vielleicht zieht eines Tages ein weiterer Hund bei uns ein, vielleicht werden wir eine Pflegestelle. Wir haben viel zu geben und können inzwischen wenigstens erahnen, auf was wir uns einlassen würden – und dennoch ist jedes Wesen eine Wundertüte mit einer Fülle von Aufgaben und Geschenken. Und obwohl Rainer und ich immer noch ein wenig unterschiedlich agieren, können die Hunde ganz gut mit dieser Unterschiedlichkeit umgehen. Unsere ständigen Streitereien über die Hunde sind vergangen, wir ziehen an einem Strang und haben auch miteinander vieles gelernt. Ja, wir sind sehr unterschiedlich. Nein, wir müssen nicht alles gleich machen. Und ja, es funktioniert, nicht immer, aber immer öfter.

TIPPS

Ich kann nur jeden ermutigen, einem Tier aus dem seriösen Tierschutz ein Zuhause zu geben (zum Beispiel über die STREUNERHerzen, www.streunerherzen.com), diese Tiere sind wunderbare, dankbare Geschöpfe und haben eine Chance verdient. Und sie sind eine Art Überraschungsei, du weißt im Vorfeld nicht, welche Persönlichkeit bei dir einzieht. Es kann sein, dass dein Tierschutzhund vom ersten Tag an bei dir angekommen ist, sich wohlfühlt und ihm die Vergangenheit höchstens wie ein schlechter Traum erscheint. Es kann aber genauso gut sein, dass er seine Vergangenheit nicht abstreifen kann wie eine alte Haut und es immer wieder Situationen gibt, in denen er an sein früheres Leben und Leiden erinnert wird. Dann bekommt er vielleicht Angst vor einem Kind oder wird unsicher und gerät in Stress, wenn er alleine bleiben soll, hat einen unbändigen Freiheitsdrang oder zuckt zusammen, wenn er eine Männerstimme hört. Schwierige Situationen können immer wieder auftauchen, beim Anblick einer Hand, eines Fußes, eines Mannes mit Regenschirm oder einer Mülltonne, je nachdem, was er erlebt hat. Es braucht Zeit, Geduld, Ruhe und Gelassenheit, es braucht Nähe, Wärme, Liebe, Vertrauen und den festen Willen, gemeinsam diese Situationen zu meistern.

Wenn du bereits im Vorfeld weißt, dass du dir einen unkomplizierten Hund wünschst, zum Beispiel weil kleine Kinder mit im Haushalt leben oder das Tier als Schutzhund, Jagdhund, Rettungshund oder Ähnliches ausgebildet werden soll, oder weil du schlicht nicht soviel Zeit erübrigen kannst, überdenke die Idee, einem Tierschutzhund ein neues Zuhause zu geben und schaue, ob es nicht einen seelisch ganz gesunden und fröhlichen Welpen für dich gibt (obwohl auch das ohne Gewähr ist...). Tierschutzhunde haben eine Geschichte und eine Vergangenheit, die uns nicht selten die Tränen in die Augen treibt. Sie brauchen aber kein Mitleid, sondern Mit*gefühl*, Sicherheit, Klarheit, Führung, Geduld und Herz. Für sie beginnt jetzt, gemeinsam mit dir, ein neues Leben. Freu Dich für Dein Tier, statt in Tränen aufgelöst zu zerfließen. Tierschutzhunde lehren uns viel, sie vollbringen oft eine großartige Leistung, indem sie sich immer wieder auf Neues einlassen, über ihren Schatten springen, sich führen und helfen lassen und versuchen, ein normales Leben an deiner Seite zu leben. Man könnte sagen, sie sind bereit, sich selbst neu zu erfinden – als großes Geschenk und aus reiner, selbstloser Liebe zu uns. Sie brauchen unser Verständnis, unsere Liebe, unsere Zeit, Geduld und unsere Nerven. Manchmal müssen wir uns von der Idee eines Dreamteams ohne Leine und Probleme verabschieden, manchmal müssen wir in die Tiefe blicken, um zu erkennen, welches wunderbare Wesen wir vor uns haben. Durch sie werden wir aufgefordert, unser Herz zu öffnen und klar zu ihnen zu stehen, mit all ihren Macken und Fehlern, und wir müssen zu ihrer Vergangenheit stehen - nur dann sind wir der Fels in der Brandung, den diese Hunde verdienen und so dringend brauchen.

Hier noch ein paar praktische Tipps, die ich selbst aus Unkenntnis leider nicht alle beherzigt habe. Sie haben keinen Anspruch auf Absolutheit oder Vollständigkeit, sondern sollen nur Anregungen sein:

1. Zu Beginn leine deinen Hund immer an ein doppelt gesichertes Geschirr an. Diese Geschirre haben zwei

Befestigungen um den Bauch, so kann der Hund nicht aus dem Geschirr springen und aus Panik weglaufen, wenn er sich erschreckt. Mache das solange, bis du sicher bist, dass dein Hund zu dir kommt, wenn er sich erschreckt oder Schutz braucht.

2. Die erste Zeit reichen der nahegelegene Park oder das eigene Grundstück und die Wohnung als neue Eindrücke völlig aus. Damit hat dein Hund erst einmal genug zu verarbeiten. Gerade Hunde, die aus dem Ausland kommen, kennen oft weder Wohnungen noch Teppich, keine Treppen, keine Mülltonnen, keine Plastiktüten und keine Regenschirme, keine Waschmaschine und keine Klospülung. Überfordere deinen Hund nicht, er wird es dir danken.

3. Sorge dafür, dass dein Hund genügend Zeit hat, sich auszuruhen. Er muss die vielen neuen Eindrücke erst verarbeiten und das macht er am besten im Schlaf.

4. Gerade Hunde aus dem Ausland bekommen jede Menge Antifloh-, Antiwurm- und Antiparasitenzeug, das ist wichtig, belastet aber auch die Leber. Oft sind auch die Impfungen noch nicht lange her. Es macht Sinn, der Leber, die für die Entgiftung im Körper zuständig ist, ein wenig unter die Arme zu greifen und sie zu unterstützen. Das kannst du unter anderem mit pulverisierten Pflanzen machen, die über das Futter gestreut werden. Außerdem muss der Darm eines Hundes aus dem Tierschutz meist aufgebaut werden. Spreche deinen Tierarzt darauf an, aber lasse dich nicht mit Floskeln abwimmeln. Näheres findest du demnächst in meinem Blog (www.finn-seelenspiegel.de).

5. Es gibt so viel Neues zu erkunden, erspare in den ersten Wochen deinem Hund die Nachbarn, Verwandten und Freunde, es wird noch genug Zeit geben, allen euren hinreißenden Neuzugang vorzustellen, in der ersten Zeit muss es vielleicht nicht unbedingt sein.

6. Versuche, deinen Hund nicht mit Liebkosungen zu überfallen. Lass ihn von sich aus zu dir kommen, gib ihm Zeit, die ersten Schritte zu tun. Viele Hunde kennen keine Nähe, Streicheln ist ihnen fremd und sie lassen es eher „über sich ergehen", als dass sie es genießen können. Das ist schwer, weil wir ja möchten, dass er sich sofort wohlfühlt, wir wollen alles richtig machen und ihm zeigen, wie sehr wir uns freuen – damit überfordern wir den kleinen Kerl aber oft, besser ist es, die Entscheidung beim Hund zu lassen, wie nah er am Anfang kommen möchte. Hilfreich kann es sein, die ersten Tage aus der Hand zu füttern.

7. Versuche, die ersten zwei Wochen Stress und Hektik vor der Tür abzulegen (die laufen nicht weg). Nimm dir Zeit und strahle Souveränität, Sicherheit, Ruhe und Gelassenheit aus.

8. Du hast dich für genau diesen Hund entschieden. Sag Ja zu ihm, genau so, wie er ist, gemeinsam ändern könnt ihr euch immer noch.

9. Dein Hund wird dich spiegeln. Vertraust du dir, kann er das auch tun, bist du sicher, hilfst du ihm, die Sicherheit in sich selbst zu entdecken.

10. Dein Hund hat keine andere Wahl, als bei dir zu sein. Gib ihm das Gefühl, dass der liebe Gott richtig entschieden hat, als er euch zusammenbrachte und genieße deine Zeit mit deinem Hund und schaue, was zu euch passt.

IN EIGENER SACHE

Bestimmt hat sich der eine oder die andere die Frage gestellt, warum ich die STREUNERHerzen, und kein deutsches Tierheim, als Kooperationspartner ausgesucht habe. Der Grund ist einfach: Tierschutz hat keine Grenzen, ein Lebewesen hat ein Recht auf Leben, egal, wo es sich befindet.
Als ich vor Jahren „Maremmano-Mischling" googelte und jede Menge Hunde fand, die Finn wie aus dem Gesicht geschnitten waren (obwohl er aus Rumänien, und nicht aus Italien kommt), saßen viele von ihnen in einem Tierheim auf Sardinien, das von den STREUNERHerzen unterstützt wird. Am liebsten hätte ich sie alle vom Fleck weg adoptiert...

Und ganz zum Schluss noch etwas Wichtiges:
Wie bereits im Vorwort erwähnt, habe ich mich bewusst entschlossen, dass Buch als Self-Publisher zu verlegen. Der größte Vorteil eines Verlages ist die professionelle Vermarktung eines Buches und genau hier brauche ich DEINE HILFE: Wenn Dir das Buch gefallen hat und Du mithelfen magst, *Finn Seelenspiegel* zu einem Erfolg zu führen, wäre es klasse, wenn Du es bei **Amazon bewerten** würdest. Außerdem bin ich leider ein Social-Media-Pflegefall und brauche dringend Unterstützung, dieses effektive Vermarktungstool zu nutzen. Ich habe „nur" 45 Freunde bei Facebook und bin schon froh, dass ich inzwischen etwas „teilen" oder „liken" kann. Wenn Du eine Facebook-Seite hast und auch noch weißt, wie man etwas postet, wäre ich super dankbar, wenn Du *Finn Seelenspiegel* **posten** könntest. Demnächst gibt es dann auch eine Facebook-Seite von *Finn Seelenspiegel*, versprochen.

TAUSEND DANK!

weitere Bilder findest Du unter
www.finn-seelenspiegel.de/galerie/

Finn

Ella

DANKSAGUNG

Mein Dank geht an alle seriösen Tierschutzvereine und ihre vielen, meist ehrenamtlichen MitarbeiterInnen. Ohne sie gäbe es Ella und Finn, und mit ihnen so viele Tausend Tiere nicht mehr und die Welt wäre ein traurigerer Ort. Außerdem danke ich den vielen Trainern und Buchautoren, die ich „verschlissen" habe, von jedem habe ich viel gelernt, auch wenn nicht jede Methode mir oder unseren Hunden entsprochen hat. Meiner Lektorin Barbara Kohl ein großes Danke für die Korrektur, ich freue mich schon auf die nächsten gemeinsamen Projekte. Meine Schwester Silke hat mir viele Tipps zum Self-Publishing, Werbung, Internetseite und Inhalt von Finn Seelenspiegel gegeben, außerdem verdanke ich ihr den Klappentext, tausend Dank dafür.

Mein größter Dank geht an meinen Mann Rainer, der sich gemeinsam mit mir in das „Abenteuer Hunde" begeben hat und mir immer den Rücken freihält, damit ich meine vielen Ideen umzusetzen kann. Danke, dass du immer an mich glaubst.
Natürlich danke ich Ella und Finn, die bis heute nicht müde werden, mir den Spiegel vorzuhalten, mich infrage zu stellen, und sich immer wieder vergewissern, dass ich in der Lage bin, sie sicher durchs Leben zu begleiten. Das bringt mich mit herrlicher Regelmäßigkeit zurück zu dem einzig Wichtigen im Leben: dem Jetzt.
Und ein ganz großer Dank geht an meinen Lehrer aus der geistigen Welt, wenn es hart auf hart kommt, kriege ich von dir immer die besten Antworten.

ÜBER DIE AUTORIN

Aruna Meike Siewert ist 1965 geboren und hat zwei erwachsene Kinder. Die meiste Zeit ihres Lebens hat sie in Berlin verbracht. Sie war Floristin, Verkaufsrepräsentantin eines großen Berliner Hotels und einige Jahre in leitender Tätigkeit im Marketing und Vertrieb verschiedener freier Theaterbetriebe tätig. Später absolvierte sie eine dreijährige Vollzeitausbildung zur Heilpraktikerin mit Schwerpunkt Pflanzenheilkunde und bildete sich zusätzlich intensiv in den Bereichen Körpertherapie und Energetische Heilweisen weiter. Viele Jahre hatte sie eine eigene Praxis, gab Seminare und arbeitete als Dozentin an einer Heilpraktikerschule. 2015 zog sie mit Mann und Hunden nach Lüchow-Dannenberg, wo sie heute auf einem kleinen Resthof an der Elbe lebt. Sie arbeitete als Autorin und leitet Seminare.
Näheres unter www.aruna-siewert.de

Folgende Bücher sind von ihr erschienen:
Quickfinder Bach-Blüten, 2010, GU
Pflanzliche Antibiotika, 2013, GU
Natürliche Psychopharmaka, 2015, GU

2017 und 2018 erscheint:
Gesund älter werden, September 2017, GU
Natürliches Doping, Februar 2018, GU

Erreichbar unter info@finn-seelenspiegel.de

EMPFEHLUNGEN

Bücher
Erziehung (einige Vorschläge, in jedem Buch findest du ein paar gute Aspekte, die letzte Wahrheit für dich und deinen Hund findest du aber nur in dir):

- Braun, Martina: Der Hund in deinem Kopf: Selbst-Coaching – Das Geheimnis der Hundeerziehung, CADMOS
- Gröning, Pia und Ullrich, Ariane: Antijagdtraining: Wie man Hunde vom Jagen abhält, MenschHund! Verlag
- Hüllenkremer, Silvia: Der Hund als Spiegel der Seele, FRED & OTTO – Der Hundeverlag
- Kirchhoff, Stefan: Streuner!: Straßenhunde in Europa, Kynos
- Laser, Birgit und Hagemann, Wibke: Leben will gelernt sein: So helfen Sie Ihrem Hund, Versäumtes wettzumachen, Birgit Laser Verlag
- McConnell, Patricia B.: Das andere Ende der Leine: Was unseren Umgang mit Hunden bestimmt, Piper
- McConnell, Patricia B.: Liebst du mich auch? Die Gefühlswelt bei Mensch und Hund, Kynos
- McConnell, Patricia B., London, Karen B.: Einmal Meutechef und zurück: Mit mehreren Hunden leben, Kynos
- Rugaas, Turis: Calming Signals – Die Beschwichtigungssignale der Hunde, animal learn
- Tomasini, Mirko: Das Leitwolf-Training: Sprachfrei kommunizieren mit Hunden, Ulmer
- von der Leyen, Katharina: Leinen los! Freilauftraining für den Hund, GU

Unterhaltung (Bücher, die zu lesen mir einfach Spaß gemacht haben):

- Kerasote, Ted: Merles Tür: Lektionen von einem freidenkenden Hund, edition tieger im Autorenhaus-Verlag
- Nowak, Maike Maja: Wanja und die wilden Hunde- Mein Leben in fünf Jahreszeiten, Goldmann Verlag
- Nowak, Maike Maja: Abenteuer Vertrauen: Vollkommen, aber nicht perfekt – Was Menschen von Hunden lernen können, Mosaik
- Sheldrake, Rupert: Der siebte Sinn der Tiere: Warum Ihre Katze weiß, wann Sie nach Hause kommen, und andere bisher unerklärte Fähigkeiten der Tiere, Fischer Taschenbuch
- Stockton, Shreve: Der tägliche Kojote: Mein Leben mit einem Präriewolf. Eine wahre Geschichte über Liebe, Freiheit und Vertrauen, edition tieger im Autorenhaus-Verlag
- Vanier, Nicolas: Mit meinen Hunden: 6000 Kilometer durch Sibirien, China und die Mongolei, Malik
- von der Leyen, Katharina: Dogs in the City, Franckh Kosmos Verlag
- von der Leyen, Katharina: Halten Sie Ihr Huhn fest, Franckh Kosmos Verlag
- Wohlleben, Peter: Das Seelenleben der Tiere: Liebe, Trauer, Mitgefühl – erstaunliche Einblicke in eine verborgene Welt, Ludwig Buchverlag

Kommunikation:
- Boone, J. Allen: Die große Gemeinschaft der Schöpfung: Gespräche zwischen Mensch und Tier, Constans im Reichel Verlag

- Feddersen-Petersen, Dorit U.: Ausdrucksverhalten beim Hund: Mimik und Körpersprache, Kommunikation und Verständigung, Franckh Kosmos Verlag
- Fennell, Jan: Mit Hunden sprechen, Ullstein Hc
- Metz, Gabriele und Teschner, Ramona: Body Talk: Körpersprache für Hundehalter, Franckh Kosmos Verlag
- Smith, Penelope: Gespräche mit Tieren, Reichel Verlag
- Williams, Marta: Lautlose Sprache: Intuitive Kommunikation mit Tieren und Natur, Reichel Verlag

Medizin:
- Haag, Gaby: Naturheilpraxis für Hunde, Kynos

DVDs:
- Die große Freiheit: Grundlagen nach HundeTeamSchule®, LANA-Film
- Die Pizza-Hunde, Günther Bloch, Franckh Kosmos Verlag

Blogs:
- www.Finn–Seelenspiegel.de
hier kannst du lesen, wie es bei uns weitergeht, es gibt weitere Fotos und so dies und das, was mir einfällt

- www.lumpi4.de
der Blog von Katharina von der Leyen, sehr informativ und humorvoll, hätte ich die Seite bloß früher gekannt...

- www.canistecture.de
Der Hundeblog mit Herz für schwierige Hunde - ganz schön und auch tröstlich, wenn dein Hund „verhaltensoriginell" ist, eine wunderschöne Wortschöpfung der Bloggerin Anna